Was lernen unsere Kinder?

Schulsysteme und ihre Erziehungsziele –
Gefahren für unsere Kinder?!

Axel Volk

Axel Volk

Was lernen unsere Kinder?

Schulsysteme und ihre Erziehungsziele – Gefahren für unsere Kinder?!

2. überarb. Auflage 2009
3. Auflage 2014
© by Daniel-Verlag 2008
Retzower Straße 21
17279 Lychen
Satz: Daniel-Verlag
Cover: Lucian Binder, Marienheide
Druck: CPI books GmbH

ISBN 978-3-935955-43-0

Inhalt

Einleitung

Diese Ausführungen gehen auf einen Vortrag zurück, den ich anlässlich einer christlichen Familienkonferenz in Zwickau am 28. Mai 2007 gehalten habe. Zielgruppe waren also vor allem christliche Eltern, die etwas über die Erziehungsziele unserer deutschen Schulsysteme erfahren wollten. Ganz kurz zwei Sätze zu meiner Person als Verfasser: Ich selbst bin Vater von vier Kindern und Lehrer an einer christlichen Bekenntnisschule für die Klassen 5 bis 10. Nachdem ich 15 Jahre lang an einer solchen Schule in Nordrhein-Westfalen gearbeitet habe, bin ich inzwischen mit meiner Familie nach Rheinland-Pfalz gezogen, um hier als Schulleiter eine weitere Bekenntnisschule (Realschule) mit aufzubauen. Meine eigene Schulzeit habe ich in Westdeutschland in den 70er-Jahren erlebt, einer Zeit des großen Umbruchs in der Schulpädagogik, ausgelöst durch die sogenannte „68er-Bewegung", eine linksgerichtete Studentenbewegung. Aufgrund dieses Umbruchs erlebte ich noch verschiedene Generationen von Lehrern, sowohl Pädagogen „alter Prägung" als auch solche, die bereits unter dem „68er"-Einfluss standen und die plötzlich ganz andere Erziehungsziele in die Schulen trugen als vorher. Später habe ich dann die ganz normale Lehrerausbildung durchlaufen und bin dabei dann selbst in den neuen Erziehungszielen und den dazu passenden „modernen" Unterrichtsformen unterwiesen worden. Allerdings habe ich diese Ausbildung mit sehr kritischen Augen gesehen, weil ich eben den Pädagogikwechsel in den 70er-Jahren durchaus nicht als etwas Positives erlebt hatte.

Die christlichen Eltern in Ostdeutschland bringen dagegen ganz andere Vorerfahrungen zu unserem Thema mit. In einem Regime wie in der ehemaligen DDR war es ja recht einfach zu durchschauen, welche Erziehungsziele den staatlichen Schulen vorgegeben waren – doch wie sieht das in unserer freiheitlich-demokratischen Bundesrepublik aus? Gibt es auch da Erziehungsziele, die aus christlicher Sicht bedenklich sind? Müssen wir unsere Kinder vor falschen Einflüssen an den Schulen schützen, müssen wir in der Erziehung zu Hause gegensteuern? Ist es vielleicht sogar besser, die öffentlichen Schulen zu meiden und möglichst christliche Bekenntnisschulen zu gründen?

Zunächst einmal gibt es ein paar Schwierigkeiten, wenn wir uns aus biblischer Sicht mit einem solchen Thema beschäftigen wollen:

• Die Bibel sagt nicht direkt etwas über Schulen oder gar Schulsysteme. Anders als die Ehe, die Familie und die christliche Gemeinde sind Schulen keineswegs von Gott gegebene Einrichtungen. Ob sie trotzdem einen hilfreichen Beitrag zur Erziehung unserer Kinder leisten können oder ob sie eher eine Gefahr darstellen, lässt sich also nicht einfach mit ein oder zwei Bibelstellen beantworten, sondern da müssen wir sehr genau hinschauen und prüfen.

- Wir leben in einer pluralistischen Gesellschaft. *Die einheitlichen* Erziehungsziele an deutschen Schulen werden wir also weitgehend vergeblich suchen. Es gibt Unterschiede von Bundesland zu Bundesland, von Schule zu Schule, ja mehr noch, von Lehrer zu Lehrer an ein und derselben Schule. Als christliche Eltern wissen wir alle, wie verhängnisvoll es für unsere Kinder ist, wenn Vater und Mutter sich in den Erziehungszielen nicht einig sind. Genau dieses Durcheinander ist jedoch in vielen Schulen der Normalzustand. Kinder lernen dadurch, dass sie ihr Verhalten an die jeweilige Lehrerperson anpassen müssen, nicht aber, dass es *allgemein gültige* Werte und Normen gibt. Hier muss daher ein ganz großer Schwerpunkt unserer christlichen Erziehung liegen! Sonst besteht die Gefahr, dass unsere Kinder dieses falsche Grundprinzip verinnerlichen und auch außerhalb der Schule anwenden: Sie lernen sich zu Hause so zu verhalten, wie *wir* als Eltern es von ihnen erwarten, in der Gemeinde verhalten sie sich so, wie es dort von ihnen erwartet wird – ähnlich wie sie gelernt haben, sich im Unterricht von Lehrer X *so* und bei Lehrerin Y *so* zu verhalten. Ein Hauptproblem unserer Schulsysteme sind also nicht unbedingt *falsche* Erziehungsziele – obwohl es die sicherlich auch gibt –, sondern *fehlende* Erziehungsziele, in dem Sinn, dass alle Lehrkräfte in eine gemeinsame Richtung oder an einem Strang (er-)ziehen. Dies kann nach meiner Überzeugung für Kinder mindestens ebenso schädlich sein wie die falschen Erziehungsziele beispielsweise in einem totalitären Regime.

• Gerade weil unsere Gesellschaft so tolerant und pluralistisch ist, lässt sie neben den staatlichen Schulen auch andere, zum Teil weltanschaulich geprägte Schulsysteme zu. Da gibt es Schulen in kirchlicher Trägerschaft, katholisch wie evangelisch, da gibt es die recht verbreiteten Waldorfschulen, und da gibt es auch weniger verbreitete reformpädagogische Richtungen wie z. B. Montessori-Schulen, Jenaplan-Schulen und andere. In einer kurzen einführenden Abhandlung wie dieser ist es unmöglich, zu all diesen Richtungen fundiert Stellung zu nehmen. Trotzdem werde ich auf Wunsch einiger Eltern im Anhang dieses Büchleins zumindest ein paar grundlegende Informationen geben. Soviel nur jetzt schon als eindringliche Bitte an alle christlichen Eltern: Wenn ihr eine solche alternative Schule in eurer Nähe habt und ernsthaft überlegt, ob das eine Alternative für eure Kinder sein könnte, dann informiert euch intensiv über den weltanschaulichen Hintergrund und das Schulprogramm der jeweiligen Schule und hört nicht nur auf wohlklingende Parolen oder auf positive Erfahrungsberichte anderer Eltern („An der Schule hat sich mein Kind wohlgefühlt …"). Ich komme später noch einmal auf diese Thematik zurück.

Ein biblischer Einstieg

Wie schon gesagt, kommt das Thema „Schulsysteme" nicht *direkt* in der Bibel vor. Trotzdem hat Gott in seiner Weisheit für alle Lebenssituationen Vorsorge getroffen, so dass wir sicher sein können, dass wir auch zu diesem Thema wichtige Hinweise im Wort Gottes finden. Ich habe überlegt, mit welchem Bibelabschnitt man beginnen könnte, und ich bin auf den Anfang des zweiten Buches Mose gestoßen:

Da stand ein neuer König über Ägypten auf, der Joseph nicht kannte. Und er sprach zu seinem Volk: Siehe, das Volk der Kinder Israel ist zahlreicher und stärker als wir. Wohlan, lasst uns ihm gegenüber klug handeln ... Und die Ägypter zwangen die Kinder Israel mit Härte zum Dienst. Und sie machten ihnen das Leben bitter durch harten Dienst in Lehm und in Ziegeln und durch allerlei Dienst auf dem Feld, neben all ihrem Dienst, zu dem sie sie zwangen mit Härte ... Da gebot der Pharao all seinem Volk und sprach: Jeden Sohn, der geboren wird, sollt ihr in den Strom werfen ... Und ein Mann vom Haus Levi ging hin und nahm eine Tochter Levis. Und die Frau wurde schwanger und gebar einen Sohn. Und sie sah, dass er schön war, und verbarg ihn drei Monate. Und als sie ihn nicht länger verbergen konnte, nahm sie für ihn ein Kästchen von Schilfrohr und verpichte es mit Erdharz und mit Pech und legte das Kind hinein und legte es in das Schilf am Ufer des Stromes. Und seine Schwester stellte sich von fern, um zu erfahren, was ihm geschehen würde.

2Mo 1,8–10a.13.14.22a; 2,1–4

Hier ist natürlich nicht die Rede von einem Schulsystem; trotzdem erkennen wir vielleicht die eine oder andere Parallele zu unserer Zeit und unserem Thema. „Da stand ein neuer König über Ägypten auf, der Joseph nicht kannte." Der Grund, warum das Land der Ägypter noch in Blüte war, warum es diesem Land noch so gut ging, war ja unter anderem die Rettung, die sie durch Joseph erfahren hatten. Doch das war nun alles vergessen. Der Grund, warum es Westeuropa letzten Endes so gut geht, ist das Christentum, das sich hier verbreitet hat, das für bestimmte Lebenseinstellungen und Werte gesorgt hat. Aber auch das ist heute vergessen. Man genießt noch die Früchte, den Wohlstand, aber man hat die Wurzeln vergessen. Mittlerweile wird das Christentum, zumindest das bibeltreue Christentum, als Bedrohung angesehen, so wie damals der König das Volk Israel als eine Bedrohung ansah, gegen die man kämpfen musste. Warum ist das so? Das Christentum steht den modernen Zielen der Selbstverwirklichung, der Toleranz, der angeblichen Freiheit im Weg – dieser „Feind" muss beseitigt werden. Dazu gab es damals zwei Methoden: Die Männer mussten hart arbeiten, und die neugeborenen Söhne sollten in den Strom, den Nil, geworfen werden. Die Parallele zu heute ist offensichtlich: Die meisten berufstätigen Männer (und immer mehr auch die Frauen) müssen sehr hart arbeiten, und die Kinder, die Söhne, werden dem Strom, dem Zeitgeist, ausgesetzt, zum Beispiel in unseren Schulsystemen. Das dürfen wir als Christen niemals aus dem Auge verlieren, auch wenn wir scheinbar ein ruhiges Leben führen: Wir leben in einer *feindlichen* Kultur! Manche Christen denken darüber kaum nach; sie nehmen es als etwas Gegebenes hin so wie die Landschaft, in der sie leben. Sie meinen, mit der Kultur, die uns umgibt, müssten wir uns arrangieren und irgendwie damit zurechtkommen. Aber wir müssen im Auge behalten, dass diese uns umgebende Kultur nicht etwas Wertneutrales ist (wo wir hineingestellt sind, ohne etwas dagegen tun zu müssen), sondern etwas Feindliches! Und das Schulsystem, in dem unsere Kinder groß werden, ist dazu da, sie für *diese* Kultur passend zu machen. Und deswegen ist die Antwort auf die Frage – falls es überhaupt eine Frage ist – „Gibt es da Gefahren für unsere Kinder?": Ja, natürlich, unsere Kinder sind in allergrößter Gefahr! Unsere Schulsysteme sind Teil einer nach-christlichen Kultur, einer Kultur, die sich endgültig von ihren christlichen Wurzeln lösen möchte bzw. größtenteils gelöst hat und die geradewegs auf den moralischen Zustand von Sodom und Gomorra zusteuert, auf völlige Gottlosigkeit und Zügellosigkeit. Das Gegenstück zu dem damaligen ägyptischen König ist heute natürlich nicht ein bestimmter Politiker oder ein politisches System oder Schulsystem, sondern es ist Satan selbst, der „Fürst dieser Welt", der hinter dem Zeitgeist steht, hinter der uns umgebenden nach-christlichen Kultur (siehe Epheser 2,2).

Schöne Theorie: die Schulgesetze

Werfen wir nun zunächst einen Blick in das rechtliche Fundament unserer Schulsysteme, das sind die Schulgesetze unseres Landes. Die Mehrzahl (Schulsysteme, Schulgesetze) gebrauche ich übrigens deshalb, weil jedes Bundesland sein eigenes Schulgesetz hat. Schulpolitik ist in Deutschland immer noch Ländersache, wobei aber, unter anderem durch den Druck internationaler Vergleichsstudien (wie Pisa usw.) eine immer stärkere Angleichung stattfindet.

Ich habe mir einmal das Schulsystem des Bundeslandes, wo ich selbst als Lehrer tätig bin, herausgegriffen, nämlich Nordrhein-Westfalen. Da werden im Schulgesetz gleich zu Anfang Erziehungsziele festgeschrieben, und zwar sehr schöne Erziehungsziele:

Ehrfurcht vor Gott, Achtung vor der Würde des Menschen und Bereitschaft zum sozialen Handeln zu wecken, ist vornehmstes Ziel der Erziehung. Die Jugend soll erzogen werden im Geist der Menschlichkeit, der Demokratie und der Freiheit, zur Duldsamkeit und zur Achtung vor der Überzeugung des anderen, zur Verantwortung für Tiere und die Erhaltung der natürlichen Lebensgrundlagen, in Liebe zu Volk und Heimat, zur Völkergemeinschaft und zur Friedensgesinnung.

Schulgesetz NRW, § 2, Abs. 2

Wenn das die Erziehungsziele unseres Schulsystems sind, dann können wir uns als Christen doch uneingeschränkt freuen. Ehrfurcht vor Gott an erster Stelle! In anderen Bundesländern mögen die Formulierungen etwas abweichen, aber die Kernaussagen sind doch sehr ähnlich. Als zweites Beispiel sei Sachsen erwähnt:

Die schulische Bildung soll zur Entfaltung der Persönlichkeit der Schüler in der Gemeinschaft beitragen. Diesen Auftrag erfüllt die Schule, indem sie den Schülern <u>insbesondere anknüpfend an die christliche Tradition</u> im europäischen Kulturkreis Werte wie Ehrfurcht vor allem Lebendigen, Nächstenliebe, Frieden und Erhaltung der Umwelt, Heimatliebe, sittliches und politisches Verantwortungsbewusstsein, Gerechtigkeit und Achtung vor der Überzeugung des anderen, berufliches Können, soziales Handeln und freiheitliche demokratische Haltung vermittelt ...

Schulgesetz Sachsen, § 1, Abs. 2

Hier ist sie also doch noch, die Rückbesinnung auf unsere christlichen Wurzeln. Noch gibt es offenbar konservative politische Kräfte in unserem Land, die diese Werte verteidigen und erhalten möchten. Nur – wie viel Einfluss haben sie tatsächlich auf die Erziehungswirklichkeit an unseren Schulen?

Erschütternde Praxis:
Alltag an deutschen Schulen

Wie sieht es nun in der Realität an den deutschen Schulen aus? Ist da etwas von diesem Geist zu spüren, der in den Schulgesetzen so schön zum Ausdruck kommt? Achtung vor der Würde der Mitmenschen, Bereitschaft zum sozialen Handeln, Verantwortungsbewusstsein? Die täglichen Schlagzeilen in den Medien sprechen eine ganz andere Sprache. Ich greife vier verbreitete Problemfelder heraus:

- *Das Gewaltproblem*

Wer von uns kennt sie nicht, die fast täglichen Schreckensmeldungen über Gewalt im Klassenzimmer? Die gelegentlichen furchtbaren Amokläufe, von denen wir hören, sind natürlich nur die Spitze des Eisbergs. Mobbing, Gewalt gegen Lehrer und Mitschüler sind dagegen an der Tagesordnung. „Gewalt in der Schule – Was ist mit unseren Kindern los?", überschrieb eine deutsche Zeitschrift einen großen Report zu diesem Thema und berichtete dann: „Jedes siebte Kind wird von Mitschülern regelmäßig gehänselt und gemobbt, 100.000 regelmäßig verprügelt – bis zur Bewusstlosigkeit. Die Täter kennen keine Grenze und keine Gnade." Von unseren schönen Erziehungszielen keine Rede mehr. Achtung vor dem Mitmenschen, Anleitung zum sozialen Handeln – wie kann dabei so etwas herauskommen? Der Spiegel widmete dem Problem eine Titelseite: „Gewalt in der Schule" – Untertitel: „Wenn Lehrer nicht mehr weiterwissen". Heißt das vielleicht: Die Erziehungsziele sind durchaus gut und richtig. Den Lehrern fehlen nur die geeigneten Methoden, die Ziele auch umzusetzen? Mit dieser Frage werden wir uns noch beschäftigen müssen.

• *Das Drogenproblem*

Hier ist in den letzten Jahren vermehrt der Alkoholismus in den Mittelpunkt gerückt. Auch dazu exemplarisch ein Zeitungsbericht:

Jugendsport Komasaufen – Trinken bis der Arzt kommt
Beim ersten Schluck sind die meisten noch Kinder: Das Durchschnittsalter für den ersten Alkoholkonsum in Deutschland liegt bei 11,6 Jahren. Bis zum ersten Vollrausch ist es dann auch nicht mehr weit.
Immer häufiger trinken sich schon 14-jährige regelrecht ins Koma. Die Politik reagierte mit einer Sondersteuer auf so genannte Alkopops, doch vom Kampftrinken hält das die Jugendlichen kaum ab …

Auch hier kommt oft nur die Spitze des Eisbergs in die Medien, z. B. im Jahr 2007 der erste Fall aus Berlin, wo ein Jugendlicher wenige Tage nach einer solchen Saufaktion im Krankenhaus verstorben ist. Es handelt sich aber nicht etwa nur um Einzelfälle. Ein guter Freund von mir ist Krankenpfleger in einem Krankenhaus bei uns in der Gegend. Er hat wöchentlich mit solchen Fällen zu tun, die dort eingeliefert werden.

Erneut die Frage: Wie können die wunderbaren Erziehungsziele, die in unseren Schulgesetzen stehen, derart schockierende „Früchte" hervorbringen?

• *Das Medienkonsumproblem*

Auch dieser dritte Problembereich ist sehr vielschichtig, so dass ich mich wiederum darauf beschränke, einen typischen Zeitungsbericht stellvertretend für viele Meldungen dieser Art zu zitieren:

Handy–Verbot an Bayerns Schulen

München (rpo). **In bayerischen Schulen sind Telefonate mit dem Mobiltelefon künftig verboten. ... Ein Grund für das Verbot ist der zunehmende Austausch von Gewaltbildern und Pornografie via Handy. ...**

Mit dem „grundsätzlichen Nutzungsverbot für Handys an unseren Schulen" reagiert Bayern auf die Sicherstellung Dutzender Schüler–Handys mit extremen Gewalt– und Porno–Bildern in Immenstadt und Augsburg.

Aufgefallen war der Austausch der Schmuddelbilder auf bayerischen Schulhöfen. Darauf reagierte man in Bayern also mit einem Handyverbot. Das ist natürlich nur die Bekämpfung von Symptomen, nicht von Ursachen. Deswegen ist die Frage, ob solch eine Maßnahme überhaupt etwas bringt, auch sehr umstritten.

Ich fürchte, die meisten von uns haben überhaupt keine Ahnung, was sich in puncto Medien unter großen Teilen unserer Jugend wirklich abspielt. Ahnungslos gewähren Millionen von Eltern ihren Teenagern freien Internetzugang, stellen ihnen Fernsehgeräte in ihre Zimmer und lassen sie per Handy miteinander kommunizieren. Gut, nun kann man natürlich sagen, das hat ja alles nicht direkt etwas mit dem Schulsystem zu tun. Es passiert ja vielfach in der Freizeit der Jugendlichen. Die Schulsysteme haben doch gute Ziele, und die Einflüsse der Medien stehen eher in Konkurrenz zu den positiven schulischen Erziehungszielen. Wieder stoßen wir auf die Frage, die ich schon vorher gestellt habe: Sind unsere Schulsysteme einfach nur zu kraftlos, um ihre guten Ziele zu erreichen, oder tragen sie eine Mitverantwortung an der negativen Gesamtentwicklung unserer Jugend?

Schauen wir uns als letztes Beispiel noch das Problemfeld an, das wohl am unmittelbarsten mit der Schule selbst in Zusammenhang steht (was man ja bei dem Drogen- und dem Medienproblem immerhin noch in Frage stellen könnte):

• *Das Leistungsproblem*

Auch in diesem Bereich sind die Schlagzeilen der letzten Jahre absolut negativ. Alle reden von der Pisa-Studie, in der Deutschland im Weltvergleich so schlecht abgeschnitten hat. Wenn man mit Arbeitgebern spricht, erfährt man, dass viele ihre Ausbildungsplätze nicht besetzten, weil sie keine geeigneten Schulabgänger finden. Das Qualifikationsniveau der Schulabgänger sinkt dramatisch, so wird berichtet. Das, was da von den Schulen kommt, ist einfach nicht für das Berufsleben geeignet. Wichtige soziale Kompetenzen, die inzwischen als Schlüsselqualifikationen im Arbeitsleben dienen, vermittelt das gegenwärtige Schulsystem nicht – auch wenn die Noten auf manchem Zeugnis ganz ordentlich aussehen mögen. Wenn man hinter die Kulissen schaut, dann fehlt da doch ganz, ganz viel an sozialen Kompetenzen, z. B. Lernbereitschaft, Fleiß, Disziplin, lauter Tugenden, die im Berufsleben einfach unerlässlich sind. Antriebsschwäche, Orientierungslosigkeit und mangelnde Disziplin sind die meistgenannten Defizite, „Früchte" aus einem Schulsystem, das sich doch so schöne Ziele auf die Fahnen geschrieben hat.

Fazit: Sieht man sich die Summe der genannten Probleme an, dann befinden wir uns offenbar auf geradem Weg in eine dekadente Gesellschaft mit Jugendlichen, die immer mehr gewalttätig und abgestumpft sind, die zunehmend mehr Alkohol konsumieren und abartige Medieninhalte aufsaugen. Man wundert sich dann nicht, dass Leistungen nicht mehr erbracht werden und eine disziplinierte Lebensführung immer schwerer wird. Viele Schüler haben auch Mühe, einer geregelten Arbeit nachzugehen.

Die Frage, mit der wir uns nun weiter auseinandersetzen müssen, ist also folgende: Sind unsere Schulsysteme mit *schuld* an diesen Dingen oder einfach nur *ohnmächtig*, dagegen anzugehen?

Fundamente unserer Kultur

Schauen wir uns die Ziele, die in den Schulgesetzen formuliert sind, doch noch einmal etwas kritischer an. Ist da vielleicht doch irgendwo „der Wurm drin"? Steckt vielleicht doch irgendwo zwischen den Zeilen ein Keim von diesen negativen Früchten, die in der heutigen Jugend sichtbar werden?

Wie hieß es da im sächsischen Gesetzestext: Die vermittelten Werte sollen anknüpfen „an die christliche Tradition *im europäischen Kulturkreis*"? Vorhin hatte ich den Ausdruck „christliche Tradition" hervorgehoben, weil wir das als Christen natürlich mit freudigem Erstaunen lesen. Jetzt habe ich die Betonung einmal verschoben: „christliche Tradition im europäischen Kulturkreis" – das hat einen anderen Beigeschmack. Der europäische Kulturkreis ist ja durchaus nicht von einem reinen bibeltreuen Christentum geprägt, sondern hat sich spätestens seit der Renaissance und der europäischen Aufklärung mit bestimmten philosophischen Strömungen vermischt. Darin hatten zwar die christlichen Werte zunächst noch einen festen Platz, viel wichtiger wurden aber mehr und mehr die Selbstverwirklichung des Menschen und seine Loslösung von allen Autoritäten. So spricht man zwar noch von „christlicher Tradition", doch dies darf nicht verwechselt werden mit dem lebendigen christlichen Glauben und einem echten Fragen nach dem Willen Gottes.

Die erwähnten philosophischen Strömungen entdeckt man auch im nordrhein-westfälischen Gesetzestext, wenn man ganz genau hinsieht:

Ehrfurcht vor Gott, Achtung vor der Würde des Menschen und Bereitschaft zum sozialen Handeln zu wecken, ist vornehmstes Ziel der Erziehung. Die Jugend soll erzogen werden im <u>Geist</u> der *Menschlichkeit,* der *Demokratie* und der *Freiheit* ...

Während wir als Christen freudig den ersten Satz lesen, wird der „moderne Pädagoge" diesen Satz allenfalls als feierlichen Einleitungssatz belächeln. Das eigentliche Fundament seiner Erziehungsziele findet er dagegen im zweiten Satz, wo ein bestimmter Geist, eine bestimmte Denkrichtung, angesprochen wird. Genauer gesagt basiert dieser Geist auf drei großen philosophischen Strömungen, die in den drei von mir hervorgehobenen Begriffen sozusagen „verschlüsselt" sind.

• *Humanismus*

Der erste hervorgehobene Begriff heißt „Menschlichkeit". Unwillkürlich muss ich dabei an eine Strömung denken, die das Bildungssystem in Europa jetzt seit mehreren Jahrhunderten maßgeblich beeinflusst hat, an den sogenannten Humanismus. Der Humanismus hat etwa im 14. Jahrhundert begonnen und ist eine

Geistesströmung, die seitdem unsere Kultur durchzogen hat und mit dem Christentum vermischt worden ist. Deswegen findet man auch Mischausdrücke wie z. B. „christlich-humanistisches Bildungsideal", so als wenn das zusammengehören würde. Aber Humanismus kommt ja von ‚human' – der Mensch. Es ist die Lehre, die den Menschen in den Mittelpunkt stellt. Der Mensch und seine Leistungen rücken ins Zentrum; durch geistige Bildung soll der Mensch alle in ihm ruhenden Fähigkeiten entwickeln. Die Humanisten hegten die feste Überzeugung, dass der Mensch von sich selbst ausgehend jedes Problem lösen könnte. Dies ist völliger Glaube an den Menschen. Warum konnte sich das überhaupt mit dem Christentum vermischen? Nun, weil man zunächst einmal die christlichen Werte durchaus nicht über Bord geworfen hat, sondern man meinte, das sind ja gute Werte, die der Mensch selbst umsetzen kann; sie sollten Teil unserer Bildung sein. Wir können – so die humanistische Auffassung – viel lernen von den großen Denkern der Antike, von den großen Philosophen und Mathematikern und gleichzeitig sicherlich auch von einigen biblischen Werten, die man ruhig mit hineinnehmen kann, da sie nützlich sind für den Menschen. Also ist z. B. Religion als Unterrichtsfach seit jeher integriert in den Fächerkanon unseres Schulsystems.

• *Aufklärung*

Die zweite Strömung, die im 18. Jahrhundert aufkam und die den Humanismus gewissermaßen weiterentwickelte, war die sogenannte Aufklärung. Ihr großes Schlagwort hieß „Freiheit" – siehe den dritten unserer hervorgehobenen Begriffe im obigen Schulgesetztext.

Weiterhin steht der Mensch im Mittelpunkt, aber er löst sich noch mehr von der christlichen Lehre, und die Behauptung ist jetzt: Belehrung allein führt zur geistigen Mündigkeit und lässt einen besseren Menschen entstehen. Es geht in diesen Strömungen Humanismus und Aufklärung darum, den Menschen zu verbessern, nicht den Menschen zu bekehren, seine völlige Unfähigkeit zum Guten aufzudecken und ihn zu Gott zu führen. Die Grundidee heißt: Der Mensch ist von Natur aus gut und dieses Gute muss durch Aufklärung, Information und Belehrung gefördert werden.

Und das findet man in der Schule natürlich wieder; Aufklärung hat einen ganz hohen Stellenwert in unserem Schulsystem, in unseren Lehrplänen. Ich nenne ein paar Beispiele. Den Begriff Aufklärung verbinden die meisten mit Sexualkunde, mit sexueller Aufklärung. Man versucht die Jugend auch aufzuklären über Drogen und ihre Gefahren, über den vernünftigen Umgang mit Medien („Medienkompetenz" will man vermitteln), man erzieht sie zum toleranten Umgang mit „alternativen Lebensformen" – damit meint man z. B. Homosexualität als eine mögliche Lebensform, die gleichwertig sei neben der traditionellen Familie. Das alles versteht man unter Aufklärung. Alle Dogmen, alle absolut gesetzten Werte, auch biblische Werte, nimmt man weg und sagt, dass sie uns von außen aufgezwungen worden seien. Wir als Menschen müssten uns davon befreien, von jeder Autorität, die über uns steht. Wir müssten selbst durch Nachdenken, durch Aufklärung, durch Information gute und richtige Werte im Austausch miteinander finden, als Konsens. Wir müssten uns darauf verständigen, darauf einigen, aber wir dürften uns auf keinen Fall von außen etwas aufdiktieren lassen.

Hier müssen wir als Christen natürlich wieder ganz hellhörig werden: „Achtung – Gefahr für unsere Kinder!" Wir erzählen unseren Kindern zu Hause ja genau das Gegenteil, wir möchten ihnen die Gebote Gottes, die biblischen Normen, mitgeben und einschärfen (nach 5Mo 6). Und in der Schule hören unsere Kinder dann: „Nein, ihr dürft nichts als gegeben, als absolut hinnehmen, auch nicht von euren Eltern oder von irgendwelchen Autoritätspersonen; ihr müsst selbst euren Verstand gebrauchen und selbst zu euren Überzeugungen kommen."

Im vorigen Kapitel sahen wir schon, was die Früchte einer Erziehung sind, die weitgehend auf das Prinzip „Aufklärung" setzt. Die Ergebnisse sind verheerend. Das liegt einerseits natürlich daran, dass die Aufklärung sich frontal gegen die Autorität Gottes richtet – allein deshalb muss sie scheitern. Als zusätzliches praktisches Problem kommt jedoch noch hinzu, dass Aufklärung allein in bestimmten Bereichen einfach keine altersgemäße Methode ist. Nehmen wir das Beispiel „Medienerziehung". Meine These als Informatiklehrer ist: Die Erziehung zur Medienkompetenz wird niemals funktionieren. Ich kann junge Leute im Alter von 13–15 Jahren nicht zu einem verantwortlichen Umgang mit dem Medium Internet erziehen; das geht einfach nicht, so wenig, wie ich sie zum Autofahren erziehen würde. Nicht, weil sie das technisch nicht könnten, sie könnten auch das Gaspedal treten, die Bremse betätigen und vielleicht kuppeln lernen, das wäre wohl kein Problem für sie. Trotzdem lässt man aus gutem Grund 13-Jährige keinen Führerschein machen. Das hat nichts damit zu tun, dass sie das technisch nicht schaffen würden, sondern dass sie die Verantwortung für ihr Handeln in dem Alter noch nicht überblicken können. Ganz genauso ist das im Umgang mit Medien! Wie viele Erwachsene haben Probleme, mit dem Internet verantwortlich umzugehen. Einem 13-Jährigen ist das in aller Regel überhaupt nicht möglich. Technisch wohl – er kann eine Suchmaschine und einen Internetbrowser bedienen, das ist kein Problem. Aber er kann nicht verantwortlich damit umgehen, da es nicht seinem Alter entsprechend ist. Und deswegen ist die ganze Aufklärung, die man auf diesem Gebiet betreibt, letztlich aussichtslos.

Auch in anderen Bereichen sieht man die Fruchtlosigkeit der Aufklärungsbemühungen. Noch nie hatten die Jugendlichen so viele Informationen über Drogen und ihre Wirkungen, doch wir haben eben die Früchte gesehen (siehe „Jugendsport Komasaufen"). Das kommt nicht daher, weil man sie nicht über die Gefahren von Alkohol aufgeklärt hätte; das Problem liegt ganz woanders. Jugendliche sind nicht vorrangig verstandgesteuert, sondern mehr von ihren Trieben und Emotionen geleitet.

Als Christen widersprechen wir der These der Aufklärung: Der Mensch sei von seiner Vernunft, seinem Verstand aus gesteuert. Das ist einfach nicht wahr! Der Mensch ist auch nicht von Natur aus gut, das wissen wir als Christen. Deswegen ist dieser ganze Ansatz falsch, unsere Jugend nur durch Aufklärung in die richtige Richtung steuern zu wollen.

Als christliche Eltern belehren wir auch, klären auf und geben unseren Kindern wichtige Informationen mit. Aber daneben üben wir als Eltern im Auftrag Gottes auch Autorität aus, und wir verleihen dieser Autorität, nicht in liebloser Willkür, sondern ebenfalls im Auftrag Gottes, mit Züchtigung Nachdruck, wenn es erforderlich ist[1].

Wenn wir aufmerksam die Zeitungsmeldungen zu den aktuellen Jugendproblemen verfolgen – egal ob es um Gewalt, um Drogen oder um Medienkonsum geht –, dann münden alle Debatten dazu letztlich immer in der gleichen Auseinandersetzung: Brauchen wir strengere gesetzliche Regelungen und Verbote oder nicht? Hier steht in Wirklichkeit jedes Mal die Aufklärung auf dem Prüfstand – deshalb sind alle diese Debatten auch recht hitzig –, denn die Grundidee der Aufklärung sagt ja: „Gebt den jungen Menschen genügend Informationen zum Thema Sexualität, zum Thema Drogen, zum Thema Internet; gebt ih-

---

[1] Ein sehr empfehlenswertes Buch, das die beiden Seiten elterlicher Erziehung (intensive Kommunikation und durch die Liebe motivierte Züchtigung) sehr ausgewogen behandelt, ist *Eltern – Hirten der Herzen* von Tedd Tripp (3L Verlag) mit dem zutreffenden Untertitel „Biblisch orientierte Erziehung".

nen genügend Informationen, und dann lasst ihnen alle Freiheit, sich selbst zu entscheiden und zu entfalten. Dann werden sie sich für das Gute entscheiden." Das ist die große Lüge, weil sie nicht in Rechnung stellt, dass aus dem Herzen des Menschen heraus das Böse kommt. Und deswegen werden sich (junge) Menschen nicht automatisch aufgrund von Informationen richtig entscheiden.

Verfolgt einmal selbst in den Zeitungen, wie die Debatten verlaufen. Egal, welche schreckliche Entwicklung man stoppen möchte – ob ,Gewalt in der Schule', ,Alkoholismus unter Jugendlichen' oder ,Teenagerschwangerschaften': Irgendjemand, vielleicht ein konservativer Politiker, kommt auf die Idee, dass man vielleicht bestimmte Dinge verbieten sollte. Auf der „Gegenseite" erfolgt ein entsetzter Aufschrei. Sofort melden sich ganz viele zu Wort, die gegen ein Verbot wettern, die Grünen z. B., die ganz stark die Ideologie der Aufklärung verfolgen. „Grüne gegen Handyverbot an Schulen", so eine typische Schlagzeile, und weiter: „Stattdessen Präventionsarbeit ausbauen", d. h. noch mehr aufklären und vorbeugen. Wenn die Aufklärung versagt hat, dann muss man angeblich noch mehr aufklären. Experten lehnen ein Verbot von Killerspielen ab, andere sprechen sich gegen ein Verbot sogenannter Flatrate-Partys aus (das sind Veranstaltungen, wo die Jugendlichen einen festen Eintritt bezahlen und dann so viel Alkohol konsumieren dürfen, wie sie wollen).

Wie kommt es eigentlich, dass viele Politiker *dagegen* sind, solche abartigen Dinge wie Killerspiele und

Saufpartys zu verbieten? Erinnern wir uns doch noch einmal an die Erziehungsziele. Da sollte doch die Jugend zum sozial verantwortlichen Handeln erzogen werden, zur Ehrfurcht vor Gott, zur Achtung vor der Würde des Menschen. Wie kann man dann dagegen sein, solche schrecklichen Killerspiele zu verbieten, die dem doch genau entgegengesetzt sind? Man hat doch das Ziel, Jugendliche dahin zu erziehen, dass sie ein Menschenleben achten, dass ein Menschenleben etwas Wertvolles ist. Und dann werden da solche Ballerspiele ungehindert verbreitet, wo schrecklichste Gräuel- und Gewalttaten in realistischen Bildern dargestellt sind, wo man – wenn auch nur virtuell – dazu animiert wird, Leute abzuschießen und das Blut nur so spritzen zu lassen. Wieso ist man dagegen, so etwas zu verbieten? Es müsste doch jeden, der positive Erziehungsziele hat, anwidern, dass es solche Gewaltspiele gibt. Man ist aus einem einzigen Grund gegen ein Verbot: weil es dem Gedanken der Aufklärung widerspricht! Man müsste sich sonst eingestehen, dass die Aufklärung gescheitert ist und dass wir jetzt doch wieder Autorität und Verbote von oben brauchen. Doch das will man sich unter keinen Umständen eingestehen, daher immer wieder diese Debatten. Bloß nichts verbieten, bloß keinen Druck ausüben, bloß keine Zwänge. Es muss doch anders gehen, es muss doch mit Aufklärung, mit Information, mit Belehrung und Prävention gehen. Viele kommen inzwischen doch auf den Gedanken, das könnte womöglich falsch sein und wir müssten wieder mehr mit Regeln und Verboten arbeiten, aber je nach politischen Mehrheitsverhältnissen setzt sich mal die eine und mal die andere Seite durch.

- *Emanzipation*

Die dritte Strömung, die im 20. Jahrhundert zum Humanismus und zur Aufklärung dazu gekommen ist, ist die sogenannte emanzipatorische Pädagogik, die endgültig alle Zwänge über Bord werfen wollte. In Westdeutschland ist sie eng mit der sogenannten „68er-Bewegung" verknüpft, die weite Teile der Pädagogik bis heute prägt, obwohl die Bewegung selbst längst vorbei ist. Wenn man sich die Lehrpläne unserer Schulsysteme anschaut, dann sind sie sehr, sehr stark von diesem Gedanken der Emanzipation geprägt. Alle Werte, Normen, Erziehungsziele, Autoritäten, Erziehungsmittel und -methoden werden kritisch hinterfragt!

Vor der 68er-Bewegung waren viele Normen in der Gesellschaft allgemein anerkannt und wurden wie selbstverständlich auch in den Schulen vermittelt. Das ist heute absolut vorbei – es ist wichtig, dass wir das als christliche Eltern wissen! In meiner Kindheit war es selbstverständlich – da wurde nicht drüber diskutiert –, dass eine Ehescheidung etwas Falsches war oder dass Homosexualität etwas Abartiges war; das war in der Gesellschaft einfach noch klar. Aber innerhalb weniger Jahre und Jahrzehnte ist das umgekippt. Und wer heute behauptet, Homosexualität ist abzulehnen, der muss vorsichtig sein und muss fürchten, angezeigt zu werden und Strafen hinzunehmen. Wir als christliche Schule hatten vor zwei, drei Jahren Post von einem Homosexuellen-Verband bekommen, Informationsmaterial, was wir dann doch bitte an unsere Schüler verteilen sollten. Unser

Schulleiter hat zurückgeschrieben, dass wir das nicht tun, und hat auch begründet, warum wir absolut dagegen sind. Die Folge davon war, dass wir bei der Regierung angeschwärzt wurden und uns vor den Behörden verantworten mussten. Solche Verbände haben jetzt schon eine sehr große Lobby, einen sehr großen Einfluss; da kommen in der Zukunft Probleme auf die christlichen Schulen zu, wenn sie weiterhin eine klare Position beziehen und dies auch öffentlich äußern. Und das ist nur ein Beispiel. Es gibt keine absoluten Werte mehr im Denken des modernen Menschen, sondern jeder muss demnach selbst herausfinden, was für ihn richtig ist. Es gibt nur noch relative Werte, relative Wahrheit. Das verbirgt sich in Wahrheit hinter dem wohlklingenden Erziehungsprinzip „im Geist der *Freiheit*", wie wir im Schulgesetz gelesen haben. Längst ist dieses falsche Freiheitsdenken, dieses Leugnen absoluter Werte, auch auf die christliche Jugend übergeschwappt. Vielleicht kennen einige von euch das Buch *Glaube ohne Werte – Jugend am Abgrund?* von Josh McDowell, das vor einigen Jahren bei CLV erschienen ist. Der Autor hat in Amerika (denken wir bitte nicht, dass es in unserem Land sehr viel anders aussieht!) Untersuchungen über Wertvorstellungen und Wertmaßstäbe christlicher Jugendlicher durchgeführt – besser gesagt: von Jugendlichen aus christlichen Familien – und war erschrocken, wie wenig bei ihnen an Fundament vorhanden ist, weil mittlerweile auch viele christliche Jugendliche keine festen Werte mehr haben. Viele von ihnen reagieren verständnislos, wenn ihre Eltern ihnen die Normen Gottes als absolut gegeben vorstellen, und fangen an, diese Normen kritisch zu hinterfragen, genau wie man es ihnen ja Tag für Tag in der Schule beibringt: „Ihr müsst euren eigenen Weg finden, ihr müsst alles kritisch in Frage stellen, ihr dürft euch nicht einfach irgendetwas aufdrücken lassen!" Die emanzipatorische Saat bringt ihre Früchte.

Vielleicht haben wir als christliche Familien diesen Bereich, die Vermittlung von Werten, sehr lange vernachlässigt, weil das einfach über viele Jahrzehnte kaum nötig war. Die meisten Werte waren in der Gesellschaft insgesamt noch klar, und deswegen lag das Schwergewicht unserer Botschaft an die jungen Menschen auf der Notwendigkeit der Bekehrung. Was Wertvorstellungen anging, war aber zur damaligen Zeit gar keine radikale Umkehr nötig, denn viele christliche Werte waren ja in der Gesellschaft ohnehin allgemein anerkannt. Doch genau das ist, beginnend in den 70er-Jahren im Anschluss an die 68er-Bewegung, in der Gesellschaft völlig umgekippt. Wir als Christen haben das vielleicht nicht so bewusst wahrgenommen, was da für ein Erdrutsch, für eine gesellschaftliche Umwälzung passiert ist und dass es jetzt ganz entscheidend darauf ankommt, dass wir in den Familien wieder die Werte vermitteln! Dass unsere Kinder nachfragen und Gottes Normen erklärt haben möchten, ist ja in sich selbst keineswegs negativ. Wir dürfen es letztlich sogar als eine Chance ansehen, einen lebendigen geistlichen Austausch in den Familien zu pflegen. Aber darauf müssen wir uns einstellen, dazu müssen wir uns bewusst Zeit nehmen und dafür müssen wir sehr viel investieren. Das ist – neben dem intensiven Gebet – unsere große

Aufgabe als christliche Eltern! Es reicht nicht aus, die Wertmaßstäbe Gottes einfach nur zu nennen, sondern wir sollten sie auch begründen können. Letztlich lässt sich jeder biblische Wert – das hat Josh McDowell in seinem Buch gut dargelegt – zurückführen auf Gottes Wesen. Unsere Aufgabe als christliche Eltern ist also eine ganz großartige: Wir sollen unseren Kindern das Wesen Gottes groß und auch lieb machen, denn alle Werte Gottes sind ja, wenn man sie wirklich aufrichtig durchdenkt, gut und nützlich für uns Menschen. Sie sind nicht dazu da, uns einzuschränken und uns den Spaß zu verderben, wie das oft vermittelt wird, sondern jeder Wert Gottes ist ein guter Wert, ist ein Wert zum Nutzen des Einzelnen und zum Nutzen der Gesellschaft (siehe Jes 48,17; Ps 19,8.9; 5Mo 4,8).

Aber wir merken, liebe Eltern: Da kommt ganz viel Arbeit auf uns zu, wir haben eine gewaltige Verantwortung. Erziehung können wir nicht „mit links" erledigen, in der Hoffnung, dass die Kinder das Meiste, was für ihr Leben wichtig ist, schon in der Schule lernen. Nein, wir müssen alle geistliche Energie aufwenden, um den verderblichen Strömungen der Aufklärung und der Emanzipation entgegenzusteuern!

Also, fassen wir noch einmal zusammen: Die drei großen Strömungen, die unser Schulsystem prägen, sind der Humanismus, die Aufklärung und die emanzipatorische Pädagogik. Ich denke, es ist sehr wichtig, dass wir das als Eltern wissen und gut verstehen. Wenn Missionare hinausgehen in eine fremde

Kultur, dann müssen sie erst einmal wissen, wie die Leute dort denken. Aber in unserem eigenen Land, in der uns umgebenden Kultur, ist es nicht minder wichtig, dass wir die großen Strömungen, die Denkmuster der Leute, kennen. Nur dann können wir richtig darauf reagieren und als „Licht der Welt" inmitten einer irregeführten Gesellschaft ein Zeugnis sein. Und wenn wir unsere Kinder hinausschicken in ein öffentliches Schulsystem, dann sollten wir wissen, wie die Pädagogen dort denken und wie sie geprägt sind und was sie unseren Kindern zu vermitteln suchen. Nur dann können wir auch gezielt entgegenwirken, und zwar nicht erst im Nachhinein, sondern möglichst im Voraus, indem wir unsere Kinder gut vorbereiten: „Das und das wird dort auf euch zukommen, das wird euch dort erzählt." Und ich meine damit nicht nur Inhalte, die in bestimmten Fächern vermittelt werden. Das ist vielleicht noch das Einfachste, z. B. über die Evolutionslehre mit den Kindern zu sprechen und zu sagen: „Der Biologielehrer wird euch sagen, der Mensch stammt vom Affen ab und es ist alles aus dem Urknall entstanden. Das ist natürlich völliger Blödsinn; wir wissen ja, dass Gott unser Schöpfer ist und dass er in seiner Weisheit alles gemacht hat." Das kann man relativ gut mit den Kindern besprechen, wenn das Thema im Schulunterricht dran kommt. Gott sei Dank, gibt es hierzu mittlerweile auch sehr gute Bücher, wenn man sich mit älteren Jugendlichen intensiv und sachlich über diese Thematik auseinandersetzen möchte. Ganz besonders empfehle ich dazu das Buch *Creatio – Biblische Schöpfungslehre* von Alexander vom Stein, das im Daniel-Verlag erschienen ist.

Die Unterrichtsinhalte sind also nicht unbedingt das Hauptproblem. Viel schwieriger ist es, unsere Kinder auf die Haltungen und Einstellungen vorzubereiten, die ihnen vermittelt werden sollen. Denn das passiert ja meist nicht offen, sondern verdeckt, bzw. es passiert täglich als ein Gewöhnungsprozess. Jeden Tag im Deutschunterricht, wenn man Texte bespricht, im Erdkundeunterricht oder wo auch immer, wird diese kritische Denkhaltung gefördert, alles zu hinterfragen, nichts als gegeben hinzunehmen, Autorität als etwas Negatives zu sehen. Das ist ein Prozess, der über Jahre abläuft und schon im Grundschulalter beginnen soll. So möchten es zumindest die Ideologen, die dahinter stehen. Und darauf vorzubereiten und gegenzusteuern, ist viel, viel schwieriger für uns Eltern, als nur ein paar Inhalte geradezurücken.

Übrigens: Selbst die moderne Didaktik, die Art und Weise der Unterrichtsgestaltung und Unterrichtsmethodik, ist von dem großen ideologischen Ziel der Emanzipation durchdrungen – auch wenn das den Lehrern in ihrer Ausbildung nicht an jeder Stelle so offen gesagt wird. Lehrerzentrierter Unterricht z. B. ist „out", Freiarbeit ist heute besonders angesagt, eine Lernform, bei der man als Schüler möglichst viel selbst bestimmen und wählen kann. Und sogar Unterrichtsinhalte, die geradezu klassisch sind für das Einüben und Anwenden vorgegebener Regeln und Normen, werden möglichst „aufgeweicht". Rechtschreibung zum Beispiel: Den Grundschullehrern wird eingeschärft, bloß nicht zu früh die armen Kinder mit Regeln zu quälen und zu „gängeln" (mit solchen Ausdrücken wird bewusst manipuliert!), sondern sie erst mal „frei schreiben" zu lassen, um den Spaß am Schreiben, die freie Entfaltung des Kindes zu fördern. Die Rechtschreibung wird sich dann angeblich irgendwann von ganz allein entwickeln. Eine schöne Theorie, die leider in der Praxis nicht funktioniert. Oder im Sport: Keine Sportart ist ohne Regeln denkbar. Aber da es ja schlecht ist, den Kindern Regeln vorzugeben, führte man das „Freispiel" als eine bevorzugte Unterrichtsform ein: Die Kinder denken sich gemeinsam ein Spiel aus und einigen sich auf die Regeln, nach denen sie spielen wollen.

Überall steht also die Freiheit, die Autonomie von vorgegebenen Regeln und Autoritäten, im Vordergrund: Freiarbeit, freies Schreiben, Freispiel … – die Begriffe sprechen für sich. Auch wenn es um das soziale Miteinander in der Schule geht, z. B. um das Aufstellen von Klassenregeln, dann soll das nicht der Lehrer als Autoritätsperson tun, sondern die Klasse gemeinsam in einem demokratischen Prozess. Ach ja, richtig: „im Geist der *Demokratie*"; das war ja das dritte wichtige Schlagwort aus dem Schulgesetzestext, das uns noch fehlte. Wir finden es hier wieder im Kontext der emanzipatorischen Pädagogik.

Sogar christliche Pädagogen springen immer mehr auf den Zug der „freieren" Unterrichtsformen auf – natürlich ohne die dahinterstehenden ideologischen Ziele anzustreben. Sie fallen vielfach herein auf das Pragmatismus-Argument. Es ist doch tatsächlich so, dass man Kinder besser zum Schreiben motivieren kann, wenn man ihnen zuerst alle Freiheiten lässt. Und es ist doch tatsächlich so, dass sich ein Jugendlicher eher mit Regeln identifizieren kann, wenn er selbst daran beteiligt war, sie aufzustellen. Zweifellos – nur dürfen wir uns als Christen, als Erzieher, als verantwortliche Erwachsene eben nicht von pragmatischen Überlegungen leiten lassen! Es ist doch auch so, dass man viele Kinder besser zum Essen motivieren könnte, wenn man ihnen täglich Pommes frites und Döner servieren würde. Trotzdem kommen verantwortungsbewusste Mütter nicht ernsthaft auf die Idee, so zu handeln, weil sie das Wohl des Kindes, seine gesunde Entwicklung im Auge haben. Ein gesundes Christenleben ist „lehrerzentriert": Im Mittelpunkt stehe nicht ich und meine freie Entfaltung, sondern mein großer Lehrer, der mich führt und unterweist, der gesagt hat: „Lernt *von mir*" (Mt 11,29) und der mir täglich in seiner Weisheit ein Lernprogramm zusammenstellt, das optimal auf mich zugeschnitten ist und das nicht ich selbst mir aussuchen kann. Natürlich können wir das als christliche Erzieher nur ganz unvollkommen nachahmen, aber es ist ein wichtiger Teil des Erziehungsprozesses, dass Kinder lernen, sich an Autoritäts*personen* zu orientieren – nicht etwa in einer blinden Gefolgschaft (das muss uns als christlichen Eltern auch wichtig sein, besonders wenn wir unsere Kinder ungläubigen Pädagogen anvertrauen), sondern immer in dem von Gott gesteckten Rahmen, d. h. solange die Autoritätsperson in Übereinstimmung mit den Normen und Werten Gottes handelt.

Bestimmte Kompetenzen lernen unsere Kinder also in den Schulen von heute immer weniger: sich Autoritäten unterzuordnen – im Vertrauen darauf, dass

die Regeln und Normen dieser Autoritäten gut und
nützlich sind –; das Einhalten von Regeln immer wieder einzuüben, auch wenn das manchmal mühsam
ist und vielleicht eine Zeitlang manche Misserfolgs-
erlebnisse mit sich bringt (Stichwort: Rechtschreibung). Aber wie wichtig sind solche Kompetenzen,
sich unterordnen zu können, sich auch mal „durch-
beißen" zu können, nicht nur im späteren Berufsleben, sondern vor allem in einem gesunden geistlichen
Leben! Wenn wir also wissen, dass in dieser Hinsicht
in der Schule ganz viel versäumt wird, dann lasst
uns umso mehr zu Hause mit allem Fleiß daran arbeiten – auch wenn das unter Umständen manchen
Kampf kostet. Aber junge Menschen, die nur gelernt
haben, sich so viel wie möglich frei zu entfalten, haben große Defizite in ihrer Persönlichkeit. Eine solche
Generation von „deformierten" Jugendlichen haben
unsere Schulsysteme hervorgebracht. Die oben aufgezählten Problemfelder (Gewalt, Drogen, Konsum
abartiger Medieninhalte, mangelhafte Berufstaug-
lichkeit) sind also nicht etwa bedauerliche „Pannen"
eines eigentlich positiv ausgerichteten Schulsystems,
sondern es sind – aus biblischer Sicht – letztlich die
logischen Früchte von ganz falschen, verderblichen
Denkströmungen.

• *Drei Strömungen in einem großen Strom*

Wir haben nun drei große Strömungen betrachtet, die
den europäischen Kulturkreis seit dem 14. Jahrhundert maßgeblich geprägt haben. Es sind Strömungen,
die aufeinander aufbauen und die den Menschen im-

mer mehr in eine bestimmte Richtung lenken, in die scheinbar völlige Freiheit und Autonomie (Selbstbestimmung). Zwischenzeitliche scheinbare „Störungen" im geschichtlichen Ablauf wie das Hitler-Regime oder das DDR-Regime waren nichts weiter als teuflische Ablenkungsmanöver, die noch mehr dazu beigetragen haben, dass Autoritäten als etwas Hässliches und Feindliches angesehen werden, was man prinzipiell bekämpfen muss.

Aber diese Strömungen stehen natürlich nicht im luftleeren Raum. Sie sind nicht aus dem Nichts entstanden und sie stehen auch nicht am Ende einer Entwicklung. In Wahrheit sind sie Teil eines großen teuflischen Plans, dessen Ursprung und dessen Endziel wir aus dem Wort Gottes wissen dürfen.

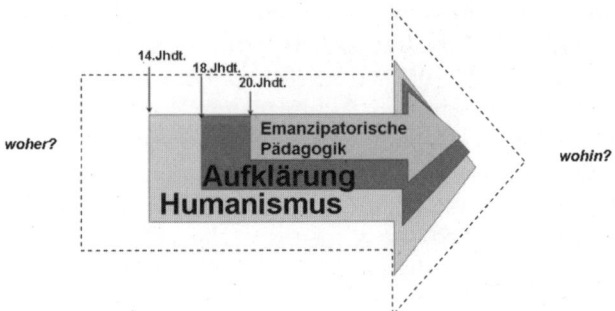

Schauen wir zunächst einmal in die Geschichte und fragen, was eigentlich vor dem Humanismus war. Nun, davor stand das Mittelalter, also eine Zeit, wo Autorität tatsächlich massiv missbraucht wurde. Das hat die Menschen so offen gemacht für den Gedanken, sich befreien zu müssen: „Wir müssen uns frei machen von Autoritäten, die bisher über uns standen, die uns unmündig gehalten haben." Das Wort Gottes z. B. wurde ja vor den Menschen verborgen, nur die Geistlichen verstanden es angeblich wirklich. Gottesdienste wurden in lateinischer Sprache gehalten, das konnte der einfache Katholik sowieso nicht verstehen. Er war angewiesen auf das, was ihm fremde Autoritäten sagten. Und so waren die Menschen tatsächlich unmündig und wurden offen für die spätere Botschaft der Aufklärung: „Ihr seid unmündig, ihr müsst euch von diesen Zwängen befreien. Ihr müsst euren Verstand auch mal selbst gebrauchen." Das war ja an sich auch richtig, sich von diesen falschen Zwängen zu lösen. Nur, wie das ja immer wieder in der Menschheitsgeschichte geschieht, ist man einen Schritt zu weit gegangen und ist sozusagen auf der anderen Seite vom Pferd heruntergefallen: Man hat dabei auch versucht, sich von guten Autoritäten, ja von Gottes Autorität zu befreien. Und am Ende der Entwicklung, in der Zukunft, steht deswegen auch keine Freiheit. Sondern diese totale Freiheit, auf die alles hinauszulaufen scheint, wird dann wieder in eine totale Diktatur münden. Das Chaos, auf das wir zusteuern, wird – so wissen wir es aus der biblischen Prophetie – letztlich der Antichrist benutzen, um die Herrschaft an sich zu reißen. Er wird als der scheinbare Retter auftreten, wenn eine völlig orientierungslose Gesellschaft wieder nach Führung schreien wird, weil sie irgendwann nicht mehr weiterweiß. Das ist letztlich der große Plan, der dahinter steht, der sich bis zu 1. Mose 3 zurückverfolgen lässt: Da ist zum ersten Mal der große „Aufklärer" aufgetreten, der den Menschen sinngemäß gesagt hat: „Esst doch von dieser Frucht, dann werdet ihr sein wie Gott, völlig frei zu erkennen Gutes und Böses. Ihr braucht Aufklärung, ihr müsst euren Verstand gebrauchen, ihr könnt euch doch selbst bestimmen, ihr müsst euch emanzipieren, aus der Hand Gottes herausreißen."

Das ist der ganz große Strom, der letztlich über allen philosophischen Strömungen steht, dieser Nil, aus dem das Land Ägypten gespeist wird. Und in diesen Nil, in diesen Strom, sollen wir unsere Kinder werfen; daran wirken, ohne dass sie es wissen, unsere Schulsysteme mit.

Letztlich funktioniert die Menschheitsgeschichte wie ein immerwährender Kreislauf: Autorität wird missbraucht, damit der Mensch sich davon befreit. Aber mit dieser Freiheit kann der Mensch auch nicht umgehen, sie wird dann auch wieder missbraucht. Daraufhin wird der Weg frei für eine oft noch schlimmere Autorität.

„Das, was gewesen ist, ist das, was sein wird; und das, was geschehen ist, ist das, was geschehen wird. Und es gibt gar nichts Neues unter der Sonne. Gibt es ein Ding, von dem man sagt: ‚Siehe, das ist neu!', längst ist es gewesen in den Zeitaltern, die vor uns gewesen sind."

Pred 1,9.10

So ist das, was im Moment in unserer Gesellschaft passiert, dieses Streben nach Freiheit und Selbstbestimmung, nur eine Vorbereitung für die schreckliche kommende Zeit des Antichrists.

Biblische Freiheit

Die Bibel kennt tatsächlich auch den Begriff der „Freiheit", aber in einem ganz anderen Sinn. Befreiung und daraus folgend die Freiheit braucht ein Ziel und einen Spielraum; sie bedeutet Erweiterung der eigenen Verantwortlichkeit, nicht aber Beseitigung jeglicher Verantwortung. Auch der Begriff „Emanzipation" ist in der Bibel zu finden. In Galater 4,7 steht er zwar nicht wörtlich, aber genau das, was hier beschrieben wird, verstand man in der Antike, im damaligen Römischen Reich, unter Emanzipation. Hier in Galater 4 ist die Rede von unmündigen Kindern, die zunächst wie Knechte behandelt wurden. Sie hatten Vormünder (sogenannte „Pädagogen" übrigens), die sie knechteten, die ihnen Regeln gaben, die sie führten und leiteten bis zum Zeitpunkt ihres Erwachsenwerdens. Wenn ein Sohn dann eines Tages erwachsen war, also alt genug, um selbst Verantwortung im Haus seines Vaters zu übernehmen, dann war er nicht mehr Knecht, sondern Sohn, jemand, der selbstständig und verantwortlich handeln konnte. Und diesen Übergang von einem Knecht, von einem kleinen Kind, das einen Vormund brauchte, hin zum erwachsenen Sohn, nannte man damals Emanzipation. Es ging also gar nicht darum, sich vom Vater loszureißen, sondern es ging darum, erwachsen zu werden, um dann im Sinne des Vaters selbstständig verantwortlich handeln zu können. Es ging darum, eines Tages nicht mehr auf die Vormünder angewiesen zu sein, die einem vorher als Hilfestellung gegeben waren, um – z. B. auch durch Züchtigung – das Richtige zu lernen und zu tun. Das sollte irgendwann natürlich überflüssig sein. Erziehung ist ja kein Selbstzweck, sondern führt zu einem Ziel hin, zum Erwachsensein, zur Reife. Und diesen Prozess der Loslösung, des Erwachsenwerdens, nannten die alten Römer Emanzipation. Dieses Ziel haben wir natürlich auch als christliche Eltern. Selbstverständlich möchten wir unsere Kinder nicht ein Leben lang unmündig halten, sondern unser Ziel ist, dass sie frei und erwachsen werden. In Sprüche 10,1 lesen wir: „Ein weiser Sohn erfreut den Vater." Das ist jemand, der in der Lage ist, anhand des Wortes Gottes gute und richtige Entscheidungen zu treffen. Solch eine Person nennt die Bibel „frei", jemanden also, der mit dieser Freiheit umgehen kann.

In Galater 5,13 heißt es: „Denn ihr seid zur Freiheit berufen worden, Brüder; nur gebraucht nicht die Freiheit zu einem Anlass für das Fleisch". Jugendliche, die noch gar nicht reif sind, denen man aber beibringt: „Ihr sollt euch jetzt schon frei machen von Autoritäten, von Werten, von Normen", die erliegen genau dieser Gefahr, vor der unser Bibelvers warnt: Sie gebrauchen eben ihre scheinbare Freiheit zu einem Anlass für das Fleisch, und dann kommen diese Dinge dabei heraus: Gewalt, Drogenkonsum, abartiger Medienkonsum. Da werden junge Menschen aufgefordert, sich frei zu machen, obwohl sie noch gar nicht fähig dazu sind, weil sie gar nicht das nötige

Alter haben. Das ist ein falscher Freiheitsbegriff, zu dem unsere Schulsysteme (oder weite Teile davon) unsere Kinder heranführen wollen.

Noch einmal: Richtig verstandene Emanzipation ist ein Prozess. Am Anfang steht eine ganz kleinschrittige, enge Führung (Pädagoge bedeutet eigentlich „Knabenführer", d h. dieser Vormund nahm das Kind buchstäblich an die Hand und führte es durch die Straßen), und am Ende dieses Prozesses steht die Selbstständigkeit, die richtig verstandene „Freiheit".

Heute beobachte ich immer mehr, wie Eltern diesen langwierigen Prozess einfach abzukürzen versuchen. Sowohl in den Elternhäusern als auch im Schulunterricht passiert das, was ich einmal den „Verlust der Kleinschrittigkeit" nennen möchte. Früher nahm man sich in der Pädagogik viel Zeit für die „kleinen" Schritte der Erziehung (Wie führe ich den Stift beim Schreiben einzelner Buchstaben?, Wie benehme ich mich bei Tisch? usw.), heute widmet man sich lieber schnell den „großen" Zielen (freies kreatives Schreiben statt mühsames Pauken von Rechtschreibregeln) und hofft, die „kleinen" Dinge würden sich dabei sozusagen „automatisch" mitentwickeln. Ein Trugschluss! Viele Kinder sind mit dieser nicht kindgerechten Pädagogik überfordert, sie brauchten ganz dringend die kleinschrittige Vorgehensweise. Eine Folge davon: die explosionsartige Zunahme bestimmter Auffälligkeiten wie ADS (Unfähigkeit, ruhig und konzentriert bei einer Sache zu bleiben), LRS (Lese-Rechtschreib-Schwäche) und andere.

Manchmal höre ich Sätze wie: „Mein Sohn ist jetzt 10 Jahre alt. Er muss jetzt selbstständig seine Hausaufgaben machen und seine Schultasche packen. Ich helfe ihm nicht mehr dabei, er ist alt genug." Selbstständigkeit und Reife kann man nicht verordnen; sie sind auch nicht bei jedem Kind im gleichen Alter erreicht. Wenn der Lehrer zurückmeldet: „Das klappt bei Ihrem Sohn nicht mit den Hausaufgaben oder mit dem Taschepacken", dann ist das ein Hinweis für mich als Elternteil, dass der Erziehungsprozess in diesem Bereich noch nicht abgeschlossen ist. Gerade weil in den Schulen immer weniger kleinschrittig angeleitet wird, nimmt die Erziehungsarbeit für uns Eltern zu Hause zu, wenn wir unsere Kinder wirklich auf einen guten Weg bringen wollen. Wir können als Eltern unserem Kind nicht sagen: „Du musst jetzt selbstständig *sein*", sondern unsere Aufgabe besteht darin, das Kind solange wie nötig geduldig dazu anzuleiten, selbstständig zu *werden*.

Natürlich gibt es auch die gegenteilige Gefahr: Ein Kind, das schon einen gewissen Grad an Selbstständigkeit erreicht hat, muss ich tatsächlich nicht unnötig kontrollieren oder kleinschrittig anleiten. Hier haben wir als Eltern sehr viel Weisheit nötig, um jedes Kind so zu führen, wie es seinem Wesen und seinem momentanen Entwicklungsstand wirklich entspricht: „Erziehe den Knaben seinem Weg entsprechend" (Spr 22,6). Der Erzieher muss immer das Ziel im Auge behalten, dass er sich selbst eines Tages überflüssig machen will und dass er den jungen Menschen zur richtig verstandenen „Emanzipation" hinführen will.

Schulsysteme und die Pubertätskrise

Auf ein weiteres grundlegendes Problem unserer Schulsysteme möchte ich aufmerksam machen. Wenn wir uns noch einmal die genannten großen Problemfelder unserer Jugend vor Augen führen, dann treten die meisten Probleme noch nicht so sehr im Grundschulalter, sondern mit größter Heftigkeit erst in der sogenannten Pubertätsphase auf. Auf diese Entwicklungsphase müssen wir also sicherlich ein besonderes Augenmerk richten.

Zwar sagt man zu Recht, dass es in der Erziehung ganz besonders auf die ersten Jahre ankommt, weil dann schon alle wichtigen Fundamente gelegt werden. Aber dennoch ist die Pubertätsphase noch einmal eine ganz entscheidende Zeit, weil hier viele Weichen gestellt werden. Viele Eltern sehen ohnmächtig und manchmal entsetzt zu, wie diese Weichenstellungen bei ihren Kindern plötzlich in eine ganz verkehrte Richtung gehen. Der elterliche Einfluss ist dann mittlerweile sehr begrenzt, stattdessen geben Gruppenzwänge die Richtung vor, stark beeinflusst von Medien, Mode und Meinungsmachern. Satan weiß, wie er ungefestigte Menschen manipulieren kann. Die ganze moderne Kultur, die Musikszene, die mächtige Werbe- und Manipulationsmaschinerie, das alles ist voll und ganz auf Jugendliche zugeschnitten. „Wer die Jugend hat, der hat die Macht" – das wussten nicht nur vergangene Diktatoren. „Jeden Sohn sollt ihr in den Strom werfen", klingt uns der grausame Befehl des finsteren Königs wieder in den Ohren. Die Pubertätszeit ist in unserer Gesellschaft die Phase, in der er zuschlägt. Es ist die Phase, wenn unsere Kinder keine Kinder mehr sind, wenn sie beginnen, den elterlichen Schutzraum zu verlassen und sich loszulösen, wenn sie aber andererseits noch nicht gefestigt und erwachsen sind, um selbstständig besonnene und gut durchdachte Entscheidungen zu treffen.

Auch als Lehrer an einer christlichen Schule beobachte ich diese Phase immer wieder mit großer Traurigkeit und viel Schmerz: Es tut einfach weh, die Entwicklung junger Menschen zu sehen, die man noch als Kinder vor sich hatte, als sie voller Freude christliche Lieder gesungen und lebendige, aufrichtige Gebete gesprochen haben. Und dann sind manche auf einmal wie ausgewechselt, werfen christliche Werte und Verhaltensweisen über Bord, schwimmen mit im Strom des Medien-, manchmal sogar des Alkohol- oder Drogenkonsums. Glücklicherweise gibt es auch solche, die ihren Weg selbst bei Widerständen weitergehen und ihren Glauben auch in dieser Krisenzeit bewahren.

Wie kommt es eigentlich zur Pubertät? Ist euch schon mal aufgefallen, dass wir in der Bibel überhaupt nichts davon lesen? In Galater 4 lasen wir von unmündigen Kindern und von erwachsenen, reifen Söhnen und von dem Übergang, der damals als Emanzipation bezeichnet wurde. Von einer „Zwischenphase", einer Pubertät, ist dagegen keine Rede. Übrigens kennt man diese Zwischenphase auch in vielen anderen Kulturkreisen nicht! Ich hatte z. B. einen Kollegen, der aus Afrika stammte. In seinem Kulturkreis ist eine Pubertätsphase, so wie wir sie verstehen, ein aufsässiges, respektloses Verhalten von Jugendlichen gegenüber den älteren Generationen, unbekannt. Respekt vor dem Alter ist dort normal; junge Menschen wissen, dass die Älteren aufgrund ihrer Reife und Lebenserfahrung einen natürlichen Respekt verdienen. Unsere Gesellschaft und unsere Schulsysteme reden dagegen den Jugendlichen ein: „Ihr seid aufgeklärt, ihr seid informiert, ihr könnt mitreden. Ja, mehr noch, ihr seid frei von den überholten Traditionen und veralteten Wertvorstellungen, an denen viele Ältere noch festhalten." Moderne Entwicklungspsychologen haben uns eingeredet, dass eine rebellische Pubertätsphase zur natürlichen Entwicklung eines Menschen gehört. Aber das ist nicht wahr – sonst würde uns die Bibel als Eltern deutliche Ratschläge geben, wie wir in dieser Phase mit unseren Jugendlichen umgehen sollten. Die „Pubertät" ist nicht von *Natur* aus gegeben (sonst gäbe es sie auch in anderen Gesellschaftsformen auf der Erde), sondern sie ist ein negatives Produkt unserer *Kultur*![2] Das gilt es zunächst einmal gut zu verstehen.

---

[2] Ein interessanter Artikel zu dieser Thematik findet sich beim Betanien–Verlag im Internet unter http://www.betanien.de/Material/ermahnendes_Artikel/mythos-jugendzeit.htm: „Der Mythos namens Teenager– und Jugendzeit" von Rick Holland – sehr lesenswert, besonders auch für alle, die in ihrer Gemeinde bei der Jugendarbeit mithelfen

Auch unsere Schulsysteme sind mit daran schuld, dass unsere Kinder in eine solche ungute und gefährliche Phase hineinkommen.

Ich will versuchen zu erklären, wie ich das meine. Natürlich ist es wahr, dass junge Menschen eine Entwicklung durchmachen, und zwar in verschiedenen Bereichen. Zunächst einmal körperlich: Die Kräfte nehmen zu, die geschlechtliche Reife nimmt zu. Parallel dazu im geistigen Bereich: Es entwickelt sich das Urteilsvermögen. Ich kann natürlich mit einem 14-Jährigen anders über Dinge reden als mit einem 4-Jährigen. Doch jetzt kommt der Knackpunkt: Dazu müsste eigentlich noch eine dritte Säule kommen. Parallel zur körperlichen und geistigen Entwicklung sollte sich auch die soziale Verantwortlichkeit eines jungen Menschen mitentwickeln, sein Verantwortungsbereich. Zunehmend sollten ihm Aufgaben, Verantwortung und Pflichten übertragen werden, die seiner Entwicklungsstufe entsprechen. Und in anderen Kulturen passiert eben genau das, da sitzen nicht alle bis zum 16. Lebensjahr in Schulbänken, sondern da müssen sie relativ früh ran und im Familienverband Verantwortung übernehmen. Das soll kein Plädoyer für Kinderarbeit sein, ich hoffe, ihr versteht mich richtig. Aber junge Menschen brauchen Bereiche, wo sie Verantwortung übernehmen können, wo sie mitarbeiten können, sonst fehlt ihnen für ihre gesunde Entwicklung etwas Wichtiges.

wollen. Zum besseren Verständnis sei erwähnt, dass Rick Holland etwas andere Begriffe verwendet: Er meint mit „Pubertät" nur die körperliche Reifung, während er die problematische rebellische Entwicklungsphase, wie in der pädagogischen Fachliteratur eher üblich, als „Adoleszenz" oder einfach als „Teenagerzeit" bezeichnet.

Modell einer gesunden Entwicklung der jungen Persönlichkeit. In unserer Kultur ist der dritte Bereich (rechts) „verkümmert" – so entsteht eine Verhaltensstörung, die wir „Pubertät" nennen.

Ja, unser Schulsystem sorgt dafür, dass man in den besten Jahren seines Lebens in Schulbänken sitzt und sich viel Theorie anhört – humanistische Bildung nämlich –, wodurch man ein mündiges Glied der Gesellschaft werden soll. Aber die dritte Säule der Entwicklung liegt weitgehend brach, da entsteht eine Leere, ein Vakuum. Und weil dieses dritte Standbein in der Entwicklung fehlt, so kommt es, nach meiner Überzeugung, zur sogenannten Pubertät. Man weiß gar nicht, wohin mit den Kräften, die man auf einmal hat. Man ist ja eigentlich in dieser besten Zeit des Lebens viel zu passiv, man sitzt da und soll Dinge lernen, die einen überwiegend gar nicht interessieren: Geschichte, Chemie, Mathe ... Der humanistische Gedanke ist, in dieser Zeit viel in die jungen Menschen „hineinzustopfen", Bildung auf Vorrat, die man dann später als Erwachsener abrufen kann, um darauf aufzubauen und positive Beiträge zum gesellschaftlichen Leben zu leisten. Das Problem lässt sich also wiederum auf den Humanismus zurückführen, es ist aber durch die emanzipatorische Pädagogik noch einmal verschärft worden. Denn diese Pädagogik hat ja die Kritik als Grundprinzip eingeführt. Der Hauptbildungsinhalt ist nun die Aufforderung, alles zu hinterfragen, alles zu kritisieren. Aber das ist ja eine destruktive Grundhaltung! Und wenn ich die Kräfte junger Menschen, die sich gerade entwickeln, in eine destruktive oder negative Richtung lenke, dann muss ich mich ja nicht wundern, wenn dabei auch destruktive Sachen herauskommen, wie Gewalt, Alkoholismus, Drogenkonsum und negative Einstellungen zu Disziplin, zu Fleiß und anderen Werten, die Gott in der Bibel zeigt.

Insofern ist unser Schulsystem in sich selbst ein Problem: Es ist nicht gut, dass junge Menschen bis zum 15., 16. oder 18. Lebensjahr den größten Teil ihrer Zeit in Schulbänken zubringen, innerhalb unnatürlicher sozialer Gruppen, die aus lauter Gleichaltrigen bestehen und sich durch Gruppenzwänge negativ beeinflussen.

Ich habe einen Schüler in meiner Schulklasse, der aus einer Bauernfamilie kommt und der in seiner Entwicklung wesentlich weiter ist als alle seine Klassenkameraden. Das liegt einfach daran, weil bei ihm die dritte Säule, die ich vorhin erwähnte, vorhanden ist: Er muss zu Hause mit ran, er führt mit seinem Vater zusammen den Bauernhof. Wenn seine Mitschüler sich morgens früh um 5 oder 6 Uhr noch mal im Bett rumdrehen, ist er schon beim Kühemelken. Dieser Junge ist im Alter von 14 Jahren praktisch erwachsen. Mit ihm kann ich reden wie mit einem Erwachsenen, kann mich auf ihn verlassen und ihm Verantwortung übertragen. Er ist für mich ein lebendiges Beispiel für das, was ich gerade theoretisch ausgeführt habe: Wenn die drei Säulen parallel laufen, die körperliche und geistige Entwicklung sowie das Übertragen von alltäglichen Pflichten und Verantwortung, dann entwickelt sich recht bald ein erwachsener Mensch. Ähnliches konnte ich bei einer ehemaligen Schülerin beobachten, die mit ihrer Mutter zusammen viele Aufgaben übernahm. Wie eine ältere und eine jüngere Freundin tauschten die beiden sich aus und sorgten für die Dekoration und für die Bewirtung auf vielen Feierlichkeiten. Eine andere Schülerin wiederum wurde von ihren Eltern angeleitet im Dienst an Behinderten. Jede Woche machten sie gemeinsame Besuche in einer entsprechenden Einrichtung und in den Ferien halfen sie - jung und alt zusammen - als Mitarbeiter auf Behindertenfreizeiten mit. Es ist sehr wohltuend für mich als Lehrer, an solchen vorbildlichen jungen Christen zu erleben, wie eine gesunde Entwicklung junger Menschen aussehen kann. Bei etlichen Gleichaltrigen sieht das leider anders aus, weil sie überhaupt nicht wissen, wohin mit ihren Kräften, und sie daher jahrelang erst einmal in eine negative und destruktive Richtung laufen. Natürlich gibt es viele Fälle, die dann hinterher durch Gottes Gnade wieder in gute Bahnen zurückkommen. Gott weiß ja auch, dass wir in dieser Gesellschaft leben müssen, auch in diesem Schulsystem.

Aber was unsere Verantwortung als Eltern betrifft, sollten wir dringend versuchen, das Vakuum, das unser Schulsystem entstehen lässt, frühzeitig zu füllen: mit sinnvollen Aufgaben, Verpflichtungen und Verantwortungsbereichen, die wir unseren Kindern übertragen. Die beste Entwicklung beobachte ich immer wieder bei solchen Jugendlichen, die frühzeitig von ihren Eltern für gemeinsame praktische Dienste im Reich Gottes an die Hand genommen werden. Jung und Alt zusammen im Dienst – das ist der ideale Nährboden für eine gesunde Entwicklung. Umgekehrt ist das Schädlichste für Jugendliche, wenn sie nach der Schule auch noch ihre Freizeit überwiegend mit Gleichaltrigen verbringen und dabei womöglich noch sehr passiv sind und „rumgammeln" (oder „abhängen" oder, wie man mittlerweile sagt, „chillen"), via Computer oder Handy miteinander kommunizieren oder Medieninhalte konsumieren.

Ideologische Ziele

Wir kommen noch einmal zur emanzipatorischen Pädagogik zurück: Bei meinen Recherchen zu dem Thema fand ich auf dem nicht-christlichen Büchermarkt ein Buch von 1976 mit dem Titel „Schülermanipulation". Es stammt von einem Autor namens Helmut Schoeck, der damals massiv vor den Entwicklungen dieser pädagogischen Richtung gewarnt hat. Eine seiner schockierendsten Vorhersagen lautete, die linke oder emanzipatorische Schülermanipulation sei darauf angelegt, seelisch kranke Menschen zu erzeugen. Und zwar mit voller Absicht! Er zitiert einen der radikalen Vertreter der 68er-Bewegung, die das ganz bewusst in Kauf nehmen: Der Lehrer müsse einen völligen Bruch der Schüler mit ihren bisher gültigen „Verhaltensmustern" herbeiführen (im Klartext: das, was die Kinder z. B. zu Hause von ihren christlichen Eltern gelernt haben, sollen sie plötzlich ganz ablegen oder abwerfen). Dabei könne es oft zu einer „vorübergehenden Neurotisierung" (seelischen Krankheit) der betroffenen Schüler kommen: Sie würden sich zu undisziplinierten, aufsässigen und unter Umständen leistungs- und arbeitsfeindlichen Jugendlichen entwickeln. Wohlgemerkt, das äußert nicht jemand, der diese Entwicklung sorgenvoll beobachtet, sondern jemand, der aktiv daran mitarbeiten will und der sagt: „Das müssen wir in Kauf nehmen, wenn wir die Jugend dahin führen wollen, wo wir sie haben wollen. Dann ist das eine Phase, wo wir durch müssen, Hauptsache, der alte Ballast ist erst mal weg. Gut, mit diesem Haufen müssen wir dann ein paar Jahre leben. Aber dann können wir ihnen das beibringen, was unserer Überzeugung nach das Richtige ist."

Verantwortungslose fanatische Ideologen stehen also oftmals im Hintergrund bestimmter pädagogischer Strömungen, was wir als Eltern natürlich nicht mitbekommen. Wir sehen allenfalls die Auswirkungen. Auch den meisten Lehrern, die an den öffentlichen Schulen unterrichten, ist das so nicht bewusst. Man hat ihnen beigebracht, wie sie Kinder im Sinne der Aufklärung zu erziehen haben. Die meisten tun das guten Gewissens, guten Glaubens und sind selbst nur Werkzeuge einer schrecklichen Verführung. Schoeck hat seine düstere Vorhersage 1976 gemacht: Es werden seelisch kranke junge Menschen erzeugt. Vor zwei Wochen (wir schreiben das Jahr 2007) habe ich bei uns auf Seite 1 unserer Tageszeitung diese Schlagzeile gefunden: **Jedes fünfte Kind hat psychische Probleme.** Die Vorhersage von vor 30 Jahren hat sich also erfüllt. Es ist tatsächlich so, wir haben eine Flut von Problemen in den Schulen vor uns. Natürlich werden diese Probleme nicht nur durch die Schulen erzeugt. Teilweise kommen die Kinder schon deformiert in die Schulen, weil mittlerweile ja bereits eine Elterngeneration herangewachsen ist, die durch den emanzipatorischen Erziehungsprozess hindurchgegangen ist und die jetzt selbst völlig verunsichert ist in ihrem eigenen Erziehungshandeln. Deswegen ist es meiner Überzeugung nach überaus wichtig, dass christliche Eltern sich austauschen, dass Familienkonferenzen stattfinden mit ganz praktischen Erziehungsthemen, um uns als Christen Tipps, Ratschläge und biblische Hilfen zur Kindererziehung zu geben. Früher gab es einen gesellschaftlichen Konsens: Man wusste, jedenfalls im Großen und Ganzen, wie man Kinder erzieht, die Ziele waren klar, die Methoden waren auch relativ klar. Das alles ist verlorengegangen. Eltern sind verunsichert. Wie oft habe ich verzweifelte Eltern vor mir sitzen mit der Frage: „Was sollen wir nur machen? Wir wissen nicht mehr weiter. Warum ist unser Kind so faul, so ungehorsam?" Es herrscht viel Ratlosigkeit!

Gefahren für unsere Kinder!

Fragen wir uns noch einmal: Was sind die Gefahren für unsere Kinder in den gegenwärtigen öffentlichen Schulsystemen? Es sind natürlich einerseits falsche Lehren, die dort vermittelt werden, wie die Evolutionslehre oder wie im Religionsunterricht von ungläubigen Religionslehrern betriebene Bibelkritik. Solche Dinge kann man vielleicht am ehesten zu Hause aufarbeiten, wenn die Kinder davon erzählen. „Heute haben wir das und das gehört ... Papa, sag doch mal, stimmt das eigentlich? In der Sonntagschule wurde doch etwas ganz anderes gesagt." Das kann man, denke ich, recht gut wieder geraderücken, wenn zu Hause eine Atmosphäre offener Kommunikation herrscht, wenn wir unseren Kindern Gelegenheit geben, über ihre Fragen zu sprechen.

Viel schlimmer sind die falschen Haltungen, weil die eben Tag für Tag, Schulstunde für Schulstunde in unsere Kinder hineingepflanzt werden: Kritik als Grundprinzip, Respektlosigkeit gegenüber Autoritäten, falsche Werte, die manchmal schon dadurch vermittelt werden, *wie* man über bestimmte Dinge spricht, z. B. im Sexualkundeunterricht.

Auch ein weiteres Problem darf man nicht unterschätzen, nämlich das oftmals fehlende Eingreifen von Lehrkräften. Wir hörten von dem Austausch von Gewaltvideos und Pornografie auf Schulhöfen – dass so etwas aufgefallen ist, stellt wohl eher eine Ausnahme dar. Wir ahnen nicht annähernd, wie viel in dieser Richtung täglich passiert. Lehrer sehen vieles und zucken mit den Schultern: „Da können wir eh nichts gegen machen." Man unternimmt viel zu wenig – außer manchen kraftlosen „Aufklärungsversuchen" –, und so werden unsere Kinder permanent mit negativen Einflüssen geradezu bombardiert. Wir sind zwar Erzieher unserer Kinder, aber wir haben ungewollt so viele Miterzieher: die Medien, bestimmte Lehrer, die emanzipatorisch geprägt sind, aber ganz besonders auch die Mitjugendlichen, mitten in den Schulklassen, dort, wo unsere Kinder sich Tag für Tag aufhalten. Ich glaube, dass Letzteres oftmals noch viel gefährlicher ist als das, was die Lehrer erzählen. Im Alter von 14 oder 15, in der „Pubertät", hört man eigentlich recht wenig auf die Erwachsenen, der Einfluss der Gleichaltrigen ist viel, viel größer. Und auch dazu bietet eben unser Schulsystem den Rahmen, den Raum, wo sich diese Einflüsse ungehindert verbreiten können. Da werden Klassenfahrten gemacht, wo der Lehrer sich um nichts kümmert und wo die negativen Gruppenprozesse ungehindert ablaufen, wo Medieninhalte ausgetauscht werden, wo unsere Kinder mit „Werten" aus einem ganz anderen Wertesystem – nicht mit der Unterscheidung gut und schlecht, sondern „cool" und „uncool" – konfrontiert werden. Und davor habe ich persönlich als Vater viel mehr Angst als vor dem, was Lehrer erzählen.

Weitere Gefahren: die aktuellen „Gegenmaßnahmen"

Dass wir an den deutschen Schulen viele Probleme haben, ist natürlich kein Geheimnis. Dass wir – als Frucht der „68er-Pädagogik" – jede Menge Disziplinprobleme bekommen haben, ist allseits bekannt. Dass die Leistungen deutscher Schüler „den Bach runtergehen", ist spätestens seit dem Pisa-Schock nicht mehr wegzudiskutieren. Dass die Arbeitgeber über das Leistungsniveau und das mangelhafte Arbeits- und Sozialverhalten der meisten Schulabgänger stöhnen – all das übt natürlich einen starken Druck auf die Verantwortlichen der Schulpolitik aus. So kann es nicht weitergehen, das wissen alle. Aber zurück zum Alten, zu autoritären Maßnahmen, womöglich zu einer „Paukschule" alter Prägung, will man natürlich unter keinen Umständen. Dazu sind wir viel zu modern, zu aufgeklärt. Dazu sind wir viel zu sehr gefangen in dem großen Strom, der durch Humanismus, Aufklärung und Emanzipation geprägt ist. Es müssen also Maßnahmen her, die unsere Jugend wirkungsvoll und nachdrücklich in eine andere Richtung lenken, ohne dass sie den Geruch autoritärer Maßnahmen an sich tragen. Menschen massiv zu beeinflussen, ohne dass sie sich einer persönlichen Autorität gegenübersehen – so etwas nennt man Manipulation, und es ist aus biblischer Sicht absolut verwerflich.

Seit den 90er-Jahren haben verstärkt esoterisch geprägte Manipulationstechniken Eingang in deutsche Schulen gefunden. Sogenannte Stilleübungen, Fantasiereisen, Mandalamalen u. a. werden heute – besonders in Grundschulen und Kindergärten – vermehrt angewandt, um Kinder auf sanfte, scheinbar nicht-autoritäre Weise zur „Ruhe" zu bringen. Das Disziplinproblem will man also nicht mit direkter, sondern mit verdeckter Autorität, mit Manipulation, in den Griff bekommen. Die Kinder sollen bei einer solchen Fantasiereise stille werden, die Augen schließen, sich vorstellen, irgendwohin zu reisen, Farben sehen, Töne vernehmen u. ä. Manchmal werden diese Übungen und Reisen mit weitergehenden Methoden der Hypnose und Esoterik (Okkultismus) verbunden. Eine Fantasiereise ist in der Tat nichts anderes als eine Vorform von Hypnose. Man meidet also Autorität, die als solche erkennbar ist, aber man nimmt Anleihen bei Techniken, die zur totalen Kontrolle verhelfen. Denn wo hat ein Mensch mehr Macht über einen anderen Menschen als bei Hypnose? Wie passt das eigentlich zum Gedanken der Aufklärung und der Emanzipation?

Sicherlich, die meisten Lehrer gebrauchen diese Übungen einfach aus pragmatischen Gründen als Hilfe zum Stillwerden. An esoterische Zusammenhänge denken sie dabei nicht. Ein Problem ist nur, dass solche Methoden auch eine Eigendynamik entwickeln können. Sie können der Kontrolle des Lehrers entgleiten. Bei sensiblen Kindern kann es geschehen, dass sie in die Traumwelt abgleiten und sich gar nicht oder sehr schwer aus dem Trance-Zustand zurückholen lassen. In den letzten Jahren wurden mehrere solcher Fälle bekannt. Aus christlicher Sicht sind derartige Techniken prinzipiell abzulehnen, und wir sollten es als Eltern keinesfalls einfach hinnehmen, dass unsere Kinder daran teilnehmen müssen. Es würde hier den Rahmen sprengen, im Detail auf die Hintergründe und Gefahren einzugehen. Betroffene Eltern muss ich an dieser Stelle auf weitergehende Literatur verweisen, wie etwa auf die Schriften von Prof. Reinhard Franzke, z. B. *Stilleübungen und Fantasiereisen* (erschienen bei alpha press).

Aber auch wenn wir die esoterischen Aspekte einmal weglassen, ist Manipulation ganz allgemein ein unbiblisches Prinzip: Menschen zu führen, Gedanken in sie hineinzupflanzen, ohne dass sie es merken – so geht Gott niemals mit uns um. Er tritt uns als höchste Autorität gegenüber, nennt uns offen und klar seine Anforderungen und Normen, er erwartet unseren Gehorsam als eine bewusste und freie Willensentscheidung, macht uns aber auch die Konsequenzen klar, wenn wir uns gegen ihn entscheiden. Nach diesem Muster sollte auch jede zeitliche, von ihm eingesetzte Autorität handeln, z. B. in der Erziehung. Manches Mal habe ich erlebt, wie begabte Pädagogen sich brüsteten: „Sicher lasse ich Entscheidungen von der Klasse demokratisch treffen, wenn es z. B. um Klassenregeln oder um das Ziel einer Klassenfahrt geht. Aber vorher beeinflusse ich sie so geschickt, dass am Ende das herauskommt, was ich sowieso wollte." Wie gesagt, das ist nicht die Art und Weise, wie Gott mit uns umgeht. Offene und ehrliche Autorität, auch wenn das nicht populär ist, sollten wir als christliche Eltern und christliche Lehrer ausüben, keine versteckte Manipulation, nur um den Jugendlichen ein Gefühl von „Freiheit" und Selbstbestimmung zu geben.

Auf einen völlig anderen bildungspolitischen Trend der letzten Jahre möchte ich auch noch hinweisen. Das Leistungsniveau der deutschen Schüler soll nach dem Desaster der Pisa-Studie wieder angehoben werden. Eifrig werden nationale Bildungsstandards aufgestellt, neue Lehrpläne gebastelt und Kontrollmechanismen eingeführt, um das Erreichen der Standards sicherzustellen. Neu, zumindest in manchen Bundesländern, sind zentrale Prüfungen, Vergleichsarbeiten usw. Kurzum, der Leistungsdruck auf die Schüler wird erhöht. Damit will man wünschenswerte Ziele erreichen: wieder mehr Leistungsbereitschaft und als Folge davon mehr Fleiß und Disziplin. Da das Ganze „von oben" kommt, von der Regierung, sozusagen von einer anonymen Autorität, muss der einzelne Lehrer hier seine Autorität gar nicht in die Waagschale werfen. Das ist natürlich sehr angenehm für ihn. Er muss die unangenehmen Maßnahmen nicht vertreten, im Gegenteil, er kann jetzt als der Helfer der Schüler auftreten, der sie optimal auf ihre Prüfungen vorbereiten möchte. Innerlich steht er dabei natürlich selbst unter Druck, denn wenn seine Schüler schlecht abschneiden, könnte das ja seine Kompetenz als Lehrer in Frage stellen.

So wünschenswert die angestrebten Ziele auch sein mögen, lassen wir uns nicht blenden: Leistungsdruck ist keine Erziehung! Ganz allgemein gilt übrigens:

Nicht jede Maßnahme, die bei Kindern und Jugendlichen ein gewünschtes Verhalten hervorbringt, ist eine Erziehungsmaßnahme. Das ist eine der Kernaussagen von Tedd Tripps hervorragendem Erziehungsbuch *Eltern – Hirten der Herzen*. Erziehung ist nur dann wirklich „erfolgreich", wenn sie den jungen Menschen dahin führt, seine *inneren* Einstellungen durch Gottes Werte und Normen prägen zu lassen. Ein Schüler, der aufgrund von Leistungsdruck zähneknirschend für eine Prüfung paukt, hat damit seine innere Einstellung zu Tugenden wie Fleiß und Beharrlichkeit in keiner Weise verändert. Wie steht es an der Stelle mit unseren eigenen Erziehungszielen als christliche Eltern? Tedd Tripp schreibt:

Gewöhnlich schicken Eltern ihre Kinder in die Schule und machen ihnen Druck, dass sie gute Noten mit nach Hause bringen. Sind gute Noten ein biblisches Ziel? Welche Bibelstellen würden dieses Ziel rechtfertigen? … Oder vielleicht sagen die Eltern: „Wenn du hart arbeitest, kannst du eine gute Arbeitsstelle bekommen und viel Geld verdienen, wenn du groß bist." Ein biblisches Ziel? Wohl kaum! Sprüche 23,4 sagt genau das Gegenteil davon: „Setze nicht alles darein, reich zu werden." …

Noten sind unwichtig. Was dein Kind unbedingt lernen muss, ist, dass es seine Arbeit fleißig für den Herrn erledigt. Gott hat verheißen, dass er die Treuen belohnen wird. In dem Wissen, dass ihm mit den Gaben Gottes und den Fähigkeiten Aufgaben anvertraut wurden, sollte das Ziel deines Kindes darin bestehen, treu zu sein. Du musst dein Kind dazu erziehen, dass es in Christus Kraft und Stärke findet, um zur Ehre Gottes zu arbeiten. Alles andere erzieht sie dahin, unbiblisch zu denken und zu handeln.

Eltern – Hirten der Herzen, S. 78–79

Der neue Trend zur Leistungsorientierung in der Schule löst kein einziges Erziehungsproblem. Im Gegenteil, die Folge sind nur noch mehr psychische Probleme in einer Schülergeneration, die keine positive Einstellung zu wichtigen biblischen Tugenden und Werten entwickelt hat. „Schulversagen macht die meiste Angst" – so eine der aktuellen Schlagzeilen nach einer vom Familienministerium vorgestellten repräsentativen Umfrage unter Tausenden von Schülern.

Auswege für christliche Familien

Kommen wir abschließend wieder auf unseren an-
fänglichen Bibeltext aus dem zweiten Buch Mose zurück. Der kleine Mose wurde vor dem Tod im Strom
gerettet durch den Glauben seiner Eltern und durch
ein Schilfkästchen als Rettungsmittel. Wie kann man
diese Geschichte in unsere Zeit übertragen? Was sollen wir denn als christliche Eltern tun, wenn wir nun
die Gefahren des Schulsystems kennen? Bleibt uns
nur Auswandern? Ich kenne tatsächlich eine Familie, die vor Jahren nach Skandinavien ausgewandert
ist, weil man dort das Recht hat, Homeschooling zu
betreiben, d. h. die Kinder zu Hause zu lassen und
selbst zu unterrichten.

• *Homeschooling?*

Übrigens ist das in den meisten Ländern der Erde
möglich, in Amerika, auch in vielen europäischen
Ländern. Deutschland stellt da eine Ausnahme dar,
bei uns ist Homeschooling gesetzlich nicht erlaubt.
Es wäre ja eigentlich für Christen die konsequenteste
Antwort, wenn wir gesehen haben, was für schreckliche Gefahren unser Schulsystem für unsere Kinder
birgt, ähnlich wie der Nil damals für die israeliti-
schen Jungen. Da ist doch die logische Konsequenz

die, mein Kind dort gar nicht hinzulassen, sondern es zu Hause im Schutzraum der christlichen Familie zu bewahren.

Hier könnte man übrigens auch die Debatte einflechten: Sollen unsere Kinder eigentlich in den Kindergarten gehen? Das ist ja keine Pflicht im Gegensatz zur Schulpflicht, die vom Gesetzgeber verlangt wird. Aber Kindergartenpflicht gibt es ja zum Glück zurzeit noch nicht. Ist es nicht besser, kleine Kinder zu Hause in der Atmosphäre der Familie vorzubereiten, oder soll man sie noch früher Erziehern aussetzen, die auch schon von der emanzipatorischen Pädagogik beeinflusst sind? Ich stelle das hier als Frage. Natürlich habe ich sie für mich als Vater beantwortet, aber ich möchte keine allgemein gültige Regel daraus machen, sondern alle christlichen Eltern bitten, ernsthaft für diese Frage zu beten, anstatt sich gesellschaftlichen Zwängen anzupassen.

Manche Bibelausleger haben in dem Schilfkästchen ein Sinnbild für das Gebet gesehen. Es kommt der Zeitpunkt, wo wir unsere Kinder loslassen *müssen*. Wir müssen sie praktisch dem Nil übergeben. Dann, so wird die alttestamentliche Geschichte manchmal angewendet, sollten wir so ein „Schilfkästchen" um das Kind herumbauen und es verpichen – das könnte das Gebet sein. Mit unseren Gebeten müssen wir unsere Kinder umgeben, um sie der Gnade Gottes, der Bewahrung und dem Schutz unseres Herrn anzubefehlen. Gut, das ist eine Anwendung, andere sehen in dem Kästchen andere Anwendungen, wie z. B. eine christliche Schule, wo wir die Kinder doch noch weitmöglich vor schädlichen Einflüssen bewahren können. Was ist nun richtig, was ist falsch? Wollen wir die Kinder in die Schule schicken oder nicht?

Es gibt ganz extreme Verfechter des Homeschooling, die sagen: Das ist zwar in Deutschland verboten, aber egal, unsere Kinder sind uns so viel wert. Wir können sie unmöglich diesem gottlosen System übergeben, das wäre so, als wenn wir sie in den Nil werfen würden. Wir behalten sie zu Hause, koste es, was es wolle. Koste es das Gefängnis oder eine Geldstrafe oder sonst was. Solche Eltern gibt es, die einfach gesagt haben: Die Gründe sind zu gravierend, wir müssen unsere Kinder vor all den falschen Lehren, Haltungen und Werten beschützen. Wir wissen, dass das Schulsystem ganz bewusst einen Keil zwischen Kinder und Eltern treiben will, und das dürfen wir nicht zulassen. Wir schicken sie da nicht hin. Wir sehen nicht mit an, wie im Sexualkundeunterricht das Schamgefühl unserer Kinder systematisch zerstört wird, denn das führt dazu, dass sie abgestumpft werden. Es wird ein Unwille produziert, überhaupt noch an einem sittlichen Wert festzuhalten. Das dürfen unsere Kinder nicht mitmachen. Da sind die okkulten Praktiken wie Fantasiereisen, die falsche Wertvermittlung wie bewusste Rebellion gegen Autoritäten, die Disziplin ist mittlerweile eine Katastrophe usw. Und ein weiterer Grund für Homeschooling: Zu Hause, im Familienverband, findet eine viel gesündere Entwicklung statt als dort, wo man nur unter Gleichaltrigen ist, die sich gegenseitig negativ beeinflussen. Ja, das ist nachgewiesen: Ein Kind, das mit allen Generationen zusammen ist, das mit Opa und Oma, Vater und Mutter, älteren und jüngeren Geschwistern zusammen lebt und lernt, das entwickelt sich sozial gut, während man in einem Verband von lauter Gleichaltrigen sich eher gegenseitig herunterzieht und zu negativem Verhalten animiert.

Also, viele gewichtige Gründe sprechen für das Homeschooling. In Amerika, wo es erlaubt ist, sind die Ergebnisse wirklich bestechend. Da kommen hinterher keine weltfremden Personen heraus, die nicht lebensfähig sind, sondern oftmals Leute, die große wissenschaftliche Leistungen vollbringen, die sich im sozialen Bereich engagieren, die in der Politik weit kommen. Es gibt jede Menge berühmte Leute, die als Kinder früher Homeschooling genossen haben. Die gängigen Vorurteile gegen das Homeschooling sind nicht haltbar, wenn man sich die Ergebnisse in anderen Ländern anschaut. Es ist wirklich eine gute Sache; ich selbst bin durchaus ein Anhänger davon. Natürlich weiß ich auch, dass manche Eltern damit überfordert wären, ihre Kinder selbst zu unterrichten, auch wenn es noch so gutes Material gibt. Deswegen sind Schulen natürlich im Grunde auch ein Segen. Es ist gut, dass es Lehrer gibt, die fachlich spezialisiert sind und den Kindern etwas weitergeben können, aber nur wenn das im Sinne der Eltern und gemeinschaftlich mit den Eltern passiert. Mein persönliches Idealbild wäre eigentlich eine Mischform aus Homeschooling und christlichen Schulen, wo man freiwillig hinkommen könnte, weil man bestimmte Dinge einfach besser gemeinsam und unter Anleitung von Experten lernen kann. Aber die deutschen Schulgesetze lassen dies momentan leider nicht zu.

Doch wie gesagt, viele Eltern, z. B. aus den russland-deutschen Gemeinden, nehmen es in Kauf, dass man sie mit Geldbußen belegt, ihnen einen Prozess macht oder sie sogar in Beugehaft nimmt. Sie sagen, es ist uns so wichtig, unsere Kinder zu beschützen, dass wir alles dafür auf uns nehmen. Ich persönlich habe große Achtung vor dieser Gewissensentscheidung und kann mir durchaus Situationen vorstellen, wo man als christliche Eltern einfach keinen anderen Ausweg sieht.

• *Christliche Bekenntnisschulen*

Eine zweite, diesmal aber legale Möglichkeit, unsere Kinder vor den Einflüssen an öffentlichen Schulen zu bewahren, ist die Gründung christlicher Bekenntnis-schulen.

Auch hier kann man einen Schutzraum vor falschen Beeinflussungen schaffen, dadurch dass ausschließ-lich christliche Lehrer unsere Kinder unterrichten und ihnen die richtigen Werte und die richtigen Unterrichtsinhalte vermitteln. Viele sehen darin üb-rigens auch eine missionarische Chance, weil wir in solchen Schulen nicht nur unsere eigenen Kinder be-wahren, sondern auch viele Kinder aus nicht-christ-lichen Familien mit dem Evangelium erreichen und ihnen biblische Werte vermitteln können. Viele der genannten Gefahren – Zerstörung der Scham, okkul-te Praktiken, falsche Lehren – gibt es dort natürlich nicht. Was man jedoch auch hier nicht verhindern kann, ist der Aspekt der sogenannten „negativen

Sozialisation", d. h. die ungute Beeinflussung durch die Gleichaltrigen, die in der „Pubertät" einfach eine gewaltige Macht darstellt. Das mag an einer christlichen Grundschule noch kein Thema sein, aber bei mir in den Klassen 5 bis 10 ist das ein reales Problem, auch an einer christlichen Schule. Ich habe vorhin davon berichtet, wie etliche christliche Jugendliche von dem abfallen, was sie einmal als Kinder bekannt und freudig mitgemacht haben. Mit „Abfallen" meine ich dabei nicht, dass sie sich offen vom Glauben lossagen, sondern dass sie in ein gewisses „Grauzonen-Christentum" abdriften. Sie behalten zwar ihr Bekenntnis, Christen zu sein, aber in ihrer Lebensgestaltung orientieren sie sich überwiegend an den Trends und Einflüssen der modernen gottlosen Jugendkultur: Sie konsumieren die unmoralische Jugendmusik, suchen frühe Beziehungen zum anderen Geschlecht, verbringen ihre Freizeit mit Chatten, Chillen und Computerspielen, entwickeln eine negative Haltung zu Tugenden wie Fleiß und Gehorsam – und sie merken nicht einmal, wie unvereinbar ihr Bekenntnis und ihr Lebensstil miteinander sind. Wie viel Trauriges erleben wir da: Jugendliche, die sich am Wochenende zu Saufpartys treffen, die gibt es auch bei uns. Es ist schrecklich, aber wahr. Deswegen darf man in einer christlichen Bekenntnisschule nicht ein Wundermittel oder das Allheilmittel erwarten, das ist sie nicht. Auch dort lauern Gefahren, allein durch die Einflüsse der Gleichaltrigen. Manchmal sind diese Einflüsse sogar noch problematischer, weil sie von Jugendlichen ausgehen, die auch zu christlichen Gemeinden gehören. Viele Gemeinden sind mittlerweile von den Einflüssen der weltlichen

Kultur „verseucht". Die Sichtweise, dass wir uns von der uns umgebenden Kultur abgrenzen müssen und dass diese Kultur für uns Christen ein feindliches System darstellt, hat man dort zu wenig verstanden. Dieses Problem verschärft sich noch mehr dadurch, dass auch manche christlichen Lehrer aus solchen Gemeinderichtungen kommen. Da es keine spezielle christliche Lehrerausbildung gibt[3], haben die Lehrer unserer Schulen die ganz normale Ausbildung durchlaufen und haben sehr viel von den dort vermittelten Unterrichtsmethoden recht unkritisch übernommen.

Darüber hinaus ist es übrigens auch nicht so ganz einfach, eine solche Schule zu betreiben. Viel Spendengeld und viel ehrenamtliches Engagement ist dazu erforderlich, und genügend bibeltreue, geistlich gutstehende Lehrer zu finden, ist ein permanentes Gebetsanliegen.

Nicht nur die Homeschooleltern geraten unter Beschuss, auch die christlichen Bekenntnisschulen werden in der Zukunft verstärkt Angriffen durch Politik und Medien ausgesetzt sein, wofür es in jüngster Vergangenheit schon Beispiele in Gießen und Bielefeld gab. In Gießen gab es vor einiger Zeit Probleme an der christlichen Bekenntnisschule wegen der Schöpfungslehre, die dort im Biologieunterricht vermittelt wird. Sogar eine Fernsehsendung hat es dazu gegeben, wo das angeprangert wurde – sinngemäß:

---

[3] Immerhin gibt es ein hervorragendes 2–bändiges schriftliches Werk, mit dessen Hilfe sich (angehende) christliche Lehrer ein gutes Fundament aneignen können: *Pädagogik nach biblischen Grundsätzen* von Armin Mauerhofer (erschienen im Hänssler-Verlag).

„die bösen christlichen Fundamentalisten, die jetzt auch in Deutschland versuchen, die Kinder zu beeinflussen …"

• *Alternative Schulen*

Wie sieht es mit den anderen Schulbewegungen in Deutschland aus? Könnte das vielleicht eine Alternative sein, insbesondere wenn es in erreichbarer Nähe keine christliche Schule gibt? Was ist zu halten von Waldorfschulen, Montessorischulen, Jenaplan-Pädagogik, also freien Schulen, die sich neben dem staatlichen Schulsystem etabliert haben und wo scheinbar manches etwas besser aussieht? Das Gewaltproblem z. B. gibt es meines Wissens an Waldorfschulen nicht so stark. Also kommen auch christliche Eltern auf die Idee: Könnte ich mein Kind nicht dahin schicken? Da ist es zumindest etwas anständiger, etwas harmloser als an vielen grausamen öffentlichen Schulen. Nun, es würde den Rahmen sprengen, jetzt auf jede dieser pädagogischen Richtungen einzugehen. Auf vielfachen Wunsch möchte ich im Anhang dieses Büchleins zumindest ein paar Kurzinformationen geben. Ganz allgemein möchte ich aber davor warnen, irgendeines dieser Angebote ohne sorgfältige Prüfung in Anspruch zu nehmen. Denn hinter solchen pädagogischen Richtungen verbergen sich ja auch bestimmte Wertesysteme, bestimmte Geisteshaltungen. Die Waldorfpädagogik geht zurück auf einen Okkultisten namens Rudolf Steiner, der viele biblische Begriffe genommen und verdreht hat und ein falsches

Bild von unserem Herrn erfunden hat, was natürlich dort den Kindern auch vermittelt wird. Und nur weil solche Schulen scheinbar „gut laufen", sind sie natürlich noch nicht gut. Umgekehrt möchte ich aber nicht so verstanden werden, dass alle diese Richtungen schlecht sind. Die Jenaplan-Pädagogik von Peter Petersen z. B. enthält aus christlicher Sicht sehr viele positive Ansätze; trotzdem bleibt bestehen, dass man die einzelne Schule prüfen muss, auch wenn sie sich Jenaplan-Schule nennt. Es ist ja auch nicht alles christlich im biblischen Sinne, was sich „christlich" nennt!

Also, liebe Eltern, die ihr als Christen überlegt, ob eine solche Schule in Frage kommt, macht euch bitte unbedingt die Mühe und schaut euch die Schulprogramme solcher Schulen an, denn dort steht meistens im Kleingedruckten das Entscheidende. Was für ein Menschenbild, was für ein Gottesbild, was für ein Weltbild steckt hinter solchen pädagogischen Richtungen? An dieser Stelle kann ich nur diesen Rat geben: Prüft alles kritisch und schaut nicht nur auf die Fassade, ob es eine nette Schule ist mit engagierten Lehrern, die sich Zeit nehmen für die Kinder und wo auch ein gutes Schulklima herrscht.

* **Intensive Begleitung der Kinder**

Die letzte Alternative für uns als christliche Eltern, wenn keine christliche Schule in der Nähe ist, besteht darin, dass wir unsere Kinder intensiv begleiten und das, was sie in der Schule hören, was sie dort erleben, zu Hause aufarbeiten, und zwar vorher wie nachher.

Wichtig ist, dass wir unsere Kinder frühzeitig auf das vorbereiten, was an Manipulation und Beeinflussung in der Schule auf sie zukommt. Aber lasst uns dabei nicht den gleichen Fehler machen wie die Aufklärer, die sagen: „Durch Aufklärung wird alles gut"; lasst uns nicht denken: Wenn wir genügend „gegen-aufklären", dann wird das unsere Kinder bewahren. Nein, das ist zu wenig. Es muss natürlich mit Gebet begleitet sein, denn ohne die Gnade Gottes können wir unsere Kinder nicht bewahren. Deswegen muss unser großes Anliegen sein, sie frühzeitig hinzuführen zum Herrn Jesus und ihnen die Heiligen Schriften mitzugeben als ein festes Fundament. Nicht als ein theoretisches Kopfwissen, sondern als lebendiges Wort, das sie schon als Kinder und Jugendliche prägt, so dass sie mehr und mehr fähig werden, selbstständig Dinge anhand des Wortes Gottes zu beurteilen. Das müssen sie natürlich bei uns sehen, wie wir in unserem Alltag als Eltern unsere Entscheidungen treffen, wie wir mit Problemen und Versuchungen und Anfechtungen umgehen. Daran sollten wir sie so viel wie möglich teilhaben lassen. Sie sollten sehen, wie das Wort Gottes unser Leben prägt, unsere Entscheidungen beeinflusst, damit sie selbst das nachmachen können in dem Bereich, wo sie hingestellt sind. Die Einübung guter Werte und Verhaltensweisen muss in allen Lebensbereichen erfolgen, beim Spielen angefangen. Es muss uns immer darum gehen, christliche Einstellungen zu verinnerlichen. Wie gehe ich mit meinen Stärken und meinen Schwächen um, wenn ich mal verliere, wenn ich mal gewinne? Wie gehe ich mit meinen Geschwistern um, wenn ich Streit mit ihnen habe? Wie gehe ich mit Autoritätspersonen um? Unser Leben zu Hause muss davon geprägt sein, biblisches Verhalten einzuüben, weil wir wissen: Unsere Kinder sind täglich fünf bis sechs Stunden in einem Einflussbereich, wo das nicht passiert. Wie wichtig sind dann die Stunden, wo sie zu Hause sind und von uns die Prägung bekommen. Ganz wichtig ist der offene Austausch, dass die Kinder früh lernen, über die Dinge zu reden, die sie draußen erleben. Nur dann können wir als Eltern reagieren, können ihnen etwas dazu sagen. Eine enge und vertrauensvolle Bindung an die Familie ist eines der besten und von Gott gegebenen Bewahrungsmittel - vorausgesetzt, wir als Eltern haben eine ebenso enge Bindung an unseren Vater im Himmel. Ich beobachte das sehr häufig als Lehrer. Wenn ich positive Beispiele erlebe, junge Christen, die in ihrem Alltag bewusst und sichtbar mit dem Herrn Jesus ihren Weg gehen, dann versuche ich herauszufinden, warum diese Jugendlichen sich von vielen Gleichaltrigen unterscheiden. Warum stehen sie zu ihrem Glauben, warum haben sie einen guten Weg eingeschlagen? Ganz oft sind es solche, die ein echtes Vertrauensverhältnis zu ihren Eltern haben, wo ihre Eltern sie frühzeitig mit einbinden in gemeinsame Aufgaben und Dienste, wo die Väter die Jungs bei irgendwelchen praktischen Einsätzen mitnehmen, wo die Mütter ihre Töchter mitnehmen und gemeinsam etwas für den Herrn Jesus tun. Das sind in der Regel Familien, wo es gut läuft. Ihr versteht mich richtig: „Es läuft" heißt nicht, dass wir eine Methode oder ein Rezept mit Erfolgsgarantie haben. Wir sind abhängig von Gottes Gnade und Hilfe, aber es gibt Leitlinien und Grundsätze, die uns und unseren Kindern helfen.

- *Mit Hingabe Eltern sein*

Alle aufgezeigten Handlungsmöglichkeiten für christliche Eltern haben eigentlich etwas Entscheidendes gemeinsam. Wenn man Homeschooling machen möchte, dann erfordert das *ganze Hingabe*. Ich muss absolut für die Kinder da sein, viele Eltern können das gar nicht leisten. Und ich muss sogar bereit sein, gesetzliche Nachteile hinzunehmen.

Wenn wir eine christliche Bekenntnisschule aufbauen, dann erfordert das nichts weniger als *ganze Hingabe*. Das muss man auch wissen: Wenn man sich als örtliche Gemeinde eine solche Aufgabe vornimmt, dann kann man das nicht nebenbei machen. Die Brüder, die im Vorstand (ehrenamtlich!) oder auch in der Schulleitung Verantwortung übernehmen, sind sehr, sehr stark zeitlich gebunden durch dieses Werk Schule; sehr viel Geld ist nötig, was natürlich dann woanders fehlt. Darüber muss man sich klar sein: Wenn wir als Gemeinde darin eine Aufgabe sehen, eine Schule aufzubauen, dann kostet das *ganze Hingabe*. Dann werden andere Dinge darunter leiden und wir müssen bewusst Ja dazu sagen, dass es uns so viel wert ist, weil es um unsere Kinder geht.

Aber auch die letztgenannte Alternative, wenn wir die Kinder dem Strom aussetzen müssen und versuchen, für sie da zu sein, auch dieser Weg erfordert *ganze Hingabe*. Wir können da nicht irgendetwas laufen lassen und meinen, wir könnten so nebenbei ein paar falsche Einflüsse wieder geradebiegen. Ich muss das als eine Lebensaufgabe begreifen: christlicher Vater zu sein, mit meinen Kindern im Gespräch zu bleiben darüber, was sie draußen in der Schule erleben; und ich muss alles an Kraft, was mir zur Verfügung steht, einsetzen, um gegenzusteuern gegen die bösen Einflüsse von „draußen".

Nun, ich denke, die Gefahren unserer Schulsysteme sind deutlich geworden. Ich weiß nicht, inwieweit das jedem vorher bewusst war, in welchen Nil wir unsere Kinder in dem Augenblick werfen, wo wir sie einschulen. Natürlich gibt es Unterschiede, vieles ist abhängig von einzelnen Lehrerpersönlichkeiten, von einzelnen Schulen. Aber es gibt doch eine große Richtung in den Schulsystemen Deutschlands. Die habe ich versucht aufzuzeigen: die Strömungen angefangen vom Humanismus bis hin zur falschen Emanzipation. Wenn wir unsere Kinder darauf vorbereiten und sie davor schützen wollen, dann müssen wir diese Denkweisen zunächst selbst gut verstanden und durchschaut haben. Dann müssen wir unsere Kinder kindgerecht darauf vorbereiten, mit ihnen vielleicht Schulbücher durchgehen. Schön ist es natürlich auch, wenn innerhalb einer Familie die älteren Geschwister mithelfen, ihre jüngeren Geschwister mit vorzubereiten auf das, was da kommen wird. Auch das können wir von der Familie Moses lernen. Warum hatte der Pharao mit seiner Strategie damals keinen Erfolg, die Israeliten zu schwächen? Er hatte keinen Erfolg, weil er nicht damit gerechnet hat, wie stark diese Familien des Volkes Israel zusammenhalten würden. Er hat nicht damit gerechnet, wie wichtig ihnen der Dienst für Gott sein würde. Jener Mann aus dem Stamm Levi heiratete eine Tochter Levis;

Levi war später der Stamm, der für den Gottesdienst zuständig war, und ich denke, das soll uns diese Stelle sagen. Da war eine Familie, deren erste Priorität es war, Gott zu dienen. Dieses Elternpaar sah schon in dem Baby Mose jemanden, der schön war für Gott, der einmal ein Diener Gottes werden sollte. So haben sie ihn aus Gottes Hand genommen und gesagt: Dieser Junge, der muss ein Junge im Reich Gottes, im Dienst Gottes werden. Und deswegen wollen wir ihn so lange wie möglich bewahren und prägen und beeinflussen und alles tun, um diesen Jungen zu schützen. Als die Männer dort in Ägypten durch die harte Arbeit geschwächt waren, da hat der Pharao nicht damit gerechnet, dass da starke Mütter waren. In 2. Mose 2 war es überwiegend die Mutter, die handelte. Das soll nicht heißen, dass die Väter aus der Verantwortung sind, aber es beinhaltet einen Appell an euch Mütter. In einer Zeit, wo die Väter beruflich total unter Druck stehen – das ist eine List des Feindes –, da könnt ihr als die Mütter dagegensteuern, indem ihr besonders die wichtige Arbeit an den Kindern tut. Und dann waren da noch als zusätzliche Unterstützung die älteren Geschwister wie Miriam, die mitgeholfen haben. Wir haben gesehen, dass das Übernehmen von Verantwortung schon in der Jugend ein wichtiges Standbein ist, was zu der körperlichen und geistigen Entwicklung dazukommen muss, um sich positiv zu entwickeln. Und da ist z. B. die Verantwortung für die eigenen, jüngeren Geschwister ein Bereich, wo man etwas Wunderbares und Großes für den Herrn tun kann. Heute ist es für uns als Familien vielleicht noch schwieriger, weil unser Feind noch listiger ist als der Pharao damals.

Damals hat er die Väter lahmgelegt, heute will er die Mütter gleich mit lahmlegen. Er will möglichst auch die Mütter alle in die Berufe schicken, um auch diese Stütze der Familie wegzunehmen. Natürlich weiß der Feind, dass zusammenhaltende Familien einen festen Schutzort bieten. Deswegen versucht er die Familien anzugreifen, zu zerstören.

Das alles hat er damals in Ägypten nicht geschafft. Heute ist er dabei, auch das zu schaffen. Wie wichtig ist es, dass wir im Gebet dagegen ankämpfen und unseren Herrn um Gnade bitten, dass er die Familien bewahrt, also den Vätern Kraft gibt für ihren harten Dienst, in dem sie oft stehen, und trotzdem auch noch für die Familie da zu sein, dass er die Mütter ausrüstet mit Kraft und Weisheit und dass er den älteren Geschwistern das Verantwortungsbewusstsein schon mit aufs Herz legt, für die jüngeren mit da zu sein. Lasst uns deswegen täglich für unsere Familien beten, lasst uns auch für die christlichen Schulen beten, dass sie wirklich im Sinne des Herrn ihre Arbeit weiter tun können. Dazu sind Lehrerpersönlichkeiten notwendig. Das ist ein ganz, ganz wichtiger Dienst für das Volk Gottes heute, christliche Lehrer für die christlichen Bekenntnisschulen. Nur dann können diese Schulen bestehen und weitermachen, wenn genügend bibeltreue Lehrer da sind. Und auch an den öffentlichen Schulen ist es wichtig, dass gläubige Lehrer als „Salz der Erde" mit dabei sind, die ihren guten Einfluss da noch geltend machen. Vielleicht liest jemand diese Zeilen, der noch vor der Berufswahl steht und der gerne einen Beruf ergreifen möchte, in dem er ganz direkt im Reich Gottes etwas Wertvolles tun darf. Dann bitte doch, wenn das von deinen Fähigkeiten her in Frage kommt, deinen Herrn um Wegweisung, ob möglicherweise der Lehrerberuf dein Weg sein könnte!

Anhang:
Verbreitete alternative Schulformen

Zum Schluss ganz kurz ein paar Informationen über drei relativ verbreitete reformpädagogische Ansätze: Waldorf-, Montessori- und Jenaplanschulen. Einen Vorteil haben diese Schulen gewiss gegenüber vielen staatlichen Schulen. Bei einer Waldorfschule z. B. weiß man recht genau, „wo man dran ist", d. h. welche Erziehungsziele von den Lehrern verfolgt werden, welche inneren Einstellungen sie vermitteln möchten und von was für einem Weltbild und Menschenbild sie in ihrer Pädagogik ausgehen.

• *Waldorfschulen*

In der Vergangenheit waren Waldorfschulen in der Gesellschaft eher ein bisschen verpönt. Sie galten als Schulen für etwas „verweichlichte" Kinder, die dem Leistungsdruck entfliehen und sich in eine etwas realitätsfremde Welt flüchten wollten. Beim Übergang ins „richtige Leben" (gemeint ist damit die Leistungsgesellschaft mit ihren Anforderungen) hatten Waldorfschüler dann oft massive Probleme, so hörte man immer wieder. Mittlerweile hat sich diese negative Sicht etwas gedreht und – sicher begünstigt durch die vielen bekannten Probleme an den staatlichen Schulen – erfreuen sich Waldorfschulen wachsender Beliebtheit. Welche Vorzüge werden im Allgemeinen angeführt? Die Schüler seien in den Waldorfschulen nicht solch einem Leistungsdruck ausgesetzt, weil sie weder durch Noten unter Druck gesetzt werden noch sitzenbleiben können. Außerdem werde in diesen Schulen nicht nur trockenes Wissen vermittelt. Es gehe mehr darum, dass die Schüler den Stoff „erfahren", nicht nur lernen. Deshalb werden in den Unterricht viele handwerkliche und künstlerische Elemente eingebaut. Hinzu kommen besonders engagierte Lehrer und ein insgesamt angenehmes, friedliches Schulklima. Vieles also, was man als christliche Eltern durchaus begrüßen kann. Erinnern wir uns noch einmal an zwei Punkte, die wir an den staatlichen Schulen kritisiert haben: Leistungs- und Notendruck, so hatten wir in einem früheren Kapitel festgehalten, sind keine biblischen Erziehungsziele bzw. -methoden. Und eine rein verstandesorientierte Pädagogik, wie sie in unserem von der Aufklärung geprägten Schulsystem üblich ist, entspricht auch nicht dem biblischen Menschenbild und ist nicht kind- und jugendgerecht. Insofern finden wir als Christen an den Waldorfschulen manche praktischen Aspekte, die dort „besser laufen".

Doch Vorsicht! Als Christen dürfen wir uns in unseren Beurteilungen nicht zu sehr durch pragmatische Überlegungen leiten lassen. Wir sind aufgefordert, alle Einflussbereiche unseres Lebens (und dazu gehören natürlich auch die Schulsysteme) ihrem *Wesen* nach zu prüfen und ihren *Wurzeln* auf den Grund zu gehen. Hinter jeder pädagogischen Richtung steckt ein bestimmter *Geist*, das müssen wir stets im Auge behalten. Deswegen haben wir uns in dieser Abhandlung sehr ausführlich mit geistesgeschichtlichen Strömungen (Humanismus, Aufklärung, Emanzipation) auseinandergesetzt. Das Gleiche müssen wir folglich auch in der Stellungnahme zur Waldorfpädagogik tun. Konkret müssen wir uns fragen: Was tritt in Waldorfschulen denn an die Stelle (falscher) Aufklärung? Und welche Ziele werden mit den dortigen „sanften" pädagogischen Methoden angestrebt?

Die Waldorfpädagogik gründet sich auf das von Rudolf Steiner Anfang des 20. Jahrhunderts entwickelte „anthroposophische Menschenbild". Steiners anthroposophische Lehre ist eine gefährliche Mischung aus okkult-esoterischen Ideen, Elementen des Hinduismus und auch christlichen (allerdings verfälschten) Begriffen. Das Ziel der Entwicklung des Menschen ist nach Steiner ein Zustand geistiger Erleuchtung. Der Mensch soll sich zu einem „Geistmenschen" entwickeln, „die geistigen Anteile im Menschen sollen zur Vereinigung mit der Seele des Weltalls geführt werden". Zu diesem Zustand kann man aber nicht in nur einem Leben kommen, es sind mehrere Wiedergeburten (Reinkarnationen) notwendig, ähnlich wie man es aus dem Hinduismus und Buddhismus kennt.

Mit Steiners speziellen „Erleuchtungen" sieht sich die Anthroposophie auch als Vollendung des christlichen Glaubens. Ein Glaube, der sich auf die Bibel beschränkt, gehöre der Vergangenheit an. Er sei lediglich eine niedrige Erkenntnisstufe und etwas

Unvollkommenes. Erst durch Steiners Geistwissenschaft könne man zur Vollkommenheit gelangen. Christus ist dieser Erkenntnis nach kein Mensch gewesen, sondern ein Sonnengeist. Dieser wurde von hohen Sonnengeistern auf die Erde gesandt, um die Menschen vor dem völligen Absinken in materielle Belange zu bewahren. – Für bibelgläubige Christen ist es nicht schwer, den Ursprung solcher Irrlehren zu erkennen: „... jeder Geist, der nicht Jesus Christus im Fleisch gekommen bekennt, ist nicht aus Gott; und dies ist der Geist des Antichrists, von dem ihr gehört habt, dass er komme, und jetzt ist er schon in der Welt" (1Joh 4,3). Nach neutestamentlicher Lehre müssen wir uns von solchen Einflüssen völlig distanzieren; daher kann es unmöglich richtig sein, dass wir unsere Kinder solchen Einflüssen Tag für Tag freiwillig aussetzen. Waldorfschulen können für uns nicht als Alternative zum staatlichen Schulsystem in Betracht kommen!

Es ist übrigens gar nicht leicht für Eltern, die anthroposophischen Einflüsse an den Waldorfschulen sofort nachzuweisen. Die Schüler werden darüber nämlich nicht offen informiert, im Sinne einer Verkündigung, die zu einer freien Entscheidung auffordert (wie es die Verkündigung des Evangeliums tut), sondern sie werden versteckt manipuliert. In den ersten acht Schuljahren wird der Stoff „gemüthaft" vermittelt, denn nach anthroposophischem Menschenbild ist der junge Mensch bis dahin noch nicht in der Lage, bewusst kritisch und urteilend zu denken. Das spiegelt sich im Unterricht wider. Der ganze Unterricht wird bewusst praktisch aufgebaut. Der

Schüler soll den Stoff nicht vermittelt bekommen, sondern „selbst erleben". Es gibt in dieser Phase fast keine Lehrbücher oder sonstige gedruckte Materialien. Der Schüler ist also alleine auf das angewiesen, was der Lehrer sagt.

Während meiner Lehrerausbildung hatte ich Gelegenheit, einen Schulvormittag an einer Waldorfschule selbst mitzuerleben. Am Anfang der Stunde sprach die Klasse gemeinsam einen auswendig gelernten „Morgenspruch" (ein Gedicht, das eine Mischung aus Gebet und meditativem Selbstgespräch darstellte). Die Lehrerin bestätigte später auf Nachfragen, dass die Kinder den tieferen Sinn des Gedichts noch nicht verstehen konnten. Sie mussten es aber Morgen für Morgen aufsagen. Ohne dass sie es merkten, wurde ihnen dadurch das anthroposophische „Glaubensbekenntnis" eingetrichtert. Im anschließenden Sachunterricht wurde dieses Gedankengut auf versteckte Weise weiter vertieft. Es ging um das Thema „Moose", aber nicht etwa so, wie wir es aus normalem Biologie-Unterricht gewöhnt sind, sondern die Pflanzen wurden hier wie gute Freunde des Menschen dargestellt, in denen sicherlich auch etwas Göttliches zu finden sei.

Ich wiederhole mich: Das Konzept der Waldorfschulen mag zwar gewisse Vorteile haben, aber die Nachteile sind bedeutend schwerwiegender. Schickt man sein Kind auf eine Waldorfschule, dann setzt man es Lehrinhalten aus, die eindeutig okkult inspiriert sind. Man darf sich als Elternpaar auch nicht von einem scheinbar christlichen Anstrich der Waldorfschulen blenden lassen. Die religiösen Praktiken mögen zwar ähnliche Formen und Namen haben wie im Christentum, sie sind aber mit anderen Inhalten gefüllt. Es besteht eine sehr große Gefahr, dass das Kind das anthroposophische Gedankengut mit der Zeit immer mehr übernimmt und sich vom lebendigen Glauben an Jesus Christus, dem einzigen Weg zur Erlösung, entfernt.

• *Montessori-Pädagogik*

Eine zweite Alternativpädagogik, die momentan in Deutschland einen gewissen Boom erlebt, ist das Konzept der italienischen Ärztin Maria Montessori (1870–1952). Ihre Pädagogik versteht sich als „eine Hilfe zum Leben für Kinder". Zur *Selbstverwirklichung* benötige das Kind erzieherische Leitung, die jedoch den freien Willen des Kindes nicht unterdrücken dürfe. Der wohl bekannteste Satz von Montessori fasst diesen Grundgedanken prägnant zusammen: „Hilf mir, es selbst zu tun!" Grundsätzlich wird davon ausgegangen, dass ein Kind zum Guten strebt und durchaus gewillt ist, etwas zu lernen. Man muss den Kindern nur die richtigen Arbeitsmaterialien geben, um die Fähigkeiten zu fördern, und darf sie bei ihrer Arbeit weder stören noch bevormunden. Das Kind und seine individuellen Wünsche stehen im Mittelpunkt dieser Pädagogik. Statt starre Vorgaben und strikte Stundenpläne einhalten zu müssen, dürfen die Kinder wählen, woran und womit sie arbeiten wollen. Es stehen sehr viele anregende Lernmaterialien in offenen Regalen zur Verfügung, aus denen sich die Kinder nach ihren freien Wünschen „bedienen" dürfen. Das Kind nimmt sich seinen selbst gewählten Lerngegenstand, es bestimmt das Lerntempo, die Lerndauer und den Schwierigkeitsgrad der Übung. Nach Beendigung seiner Tätigkeit stellt das Kind den Gegenstand an seinen Platz zurück. Freiarbeit statt Drill und Frontalunterricht, aber durchaus mit Ordnung und auch Disziplin. Die Klassen sind altersgemischt, auch behinderte Kinder werden in der Gesamtschule integriert. Noten gibt es bis zur achten Klasse nicht, sondern in sogenannten „Pensenbüchern" überprüfen die Schüler ihre Leistungen selbst. Wie bei der Waldorfpädagogik gibt es also auch hier durchaus manche Aspekte, die im Vergleich zum herkömmlichen Schulunterricht recht attraktiv erscheinen. – Die moderne Grundschuldidaktik hat sich übrigens manches von Montessori abgeschaut. In einem früheren Kapitel hatte ich darauf hingewiesen, wie verbreitet freie Arbeitsformen und „schülerzentriertes Lernen" mittlerweile auch im staatlichen Schulsystem sind.

Insofern erscheint die Montessoripädagogik weit weniger gefährlich als die Waldorfpädagogik – zumal hier nicht so direkt eine okkulte, antichristliche Irrlehre als Fundament dahinter steht. Wohl ist es so, dass Maria Montessori als eine esoterisch angehauchte Katholikin gilt und dass sie mit ihrer Pädagogik durchaus auch religiöse Ziele verfolgte; doch haben viele moderne Montessori-Pädagogen sich ganz von diesen Wurzeln gelöst und einfach nur die praktischen Unterrichtsmethoden dieser Pädagogik übernommen. Dennoch: Die starke Betonung der kindlichen Selbstverwirklichung ist sicherlich nicht im Sinne einer bibelorientierten Erziehung. Ein Montessori-Zitat: „Das Geheimnis der Erziehung ist, das Göttliche im Menschen zu erkennen und zu beobachten" – das lässt uns als christliche Eltern aufhorchen und verstärkt den Eindruck, dass die übergeordneten Erziehungsziele an Montessori-Schulen unvereinbar sind mit dem biblischen Menschenbild und den Zielen gläubiger Eltern. Wir beten ja dafür, dass unsere Kinder sich eines Tages für die Nachfolge hinter dem Herrn Jesus her entscheiden – dazu gehören Tugenden wie Selbst*verleugnung*, die Bereitschaft, sich unterzuordnen und den Willen Gottes sowie das Wohl des Nächsten in den Mittelpunkt zu stellen. Sollten wir sie da einem Erziehungssystem anvertrauen, das die Selbst*verwirklichung* und die Entfaltung des freien Willens des Kindes zum Kernpunkt macht?

• *Jenaplan-Pädagogik*

Ein dritter, nicht ganz so verbreiteter alternativ-pädagogischer Ansatz ist der so genannte Jenaplan, der auf den deutschen Reformpädagogen Peter Petersen (1884–1952) zurückgeht. Diesem Konzept liegt – anders als bei Steiner und Montessori – eine Auffassung von Erziehung zugrunde, die wir wohl uneingeschränkt bejahen können: „Erziehung", so ist im Internet-Lexikon Wikipedia nachzulesen, „ist für Petersen sehr umfassend betrachtet eine genuine[4] Funktion des Menschseins, die ihn durch das ge-

---

[4] D. h. natürliche, seiner Natur entsprechende.

samte Leben begleitet. Alles erzieht. Erziehung dient aber im speziellen Sinne des absichtsvollen, geplanten und zielgerichteten Eingriffs der Charakterformung von Jüngeren durch Erwachsene, aber ohne zu indoktrinieren[5], was er aufs Schärfste verurteilt. Dabei erziehen die Erwachsenen in Verantwortung vor Gott." Und weiter: „Erziehung ist das Besondere und Eigentümliche des Menschseins, was ihn von anderen Lebewesen unterscheidet … Zu diesem dem Menschen Eigentümlichen, das aus dem geistigen Leben hervorgeht, zählt Petersen Güte, Liebe, Treue, Demut, Sich-Sorgen, Dienst, Kameradschaft, echtes Mitleid, Leid, Andacht, Ehrfurcht etc. Petersen nennt dies die Vergeistigung, die sich im selbsttätigen Handeln des Kindes, aber auch des Erwachsenen, von innen heraus vollzieht … Dies ist für ihn das Wesen und das Ziel von Erziehung. Petersen bemüht sich also um die emotionale Seite des Lebens in der Gemeinschaft, das Zwischenmenschliche, Tugenden und Werte, das Sittliche, wie er es nennt. Vergeistigung wird im christlichen Sinne durch den selbstlosen Dienst am Menschen, im Besonderen am Kind und Jugendlichen erreicht – schlicht und ohne Worte. Dies ist der Ausdruck für echte Gemeinschaft. Dabei ist die Bereitschaft zum Dienst am Menschen das wesentliche Merkmal einer (humanisierten) Persönlichkeit."

In einem weiteren Wikipedia-Artikel über den Jenaplan klingt fast etwas wie Begeisterung durch, eine Begeisterung, die ich nach der Beschäftigung mit

---

[5] D. h. gezielt zu manipulieren.

dem Jenaplan-Ansatz durchaus teilen kann: „Der Jena-Plan stellt bei den akuten Problemen der Schule von heute, wie mangelnder Toleranz und Empathie[6], geringer Motivation und Leistungsbereitschaft, vernachlässigten sozialen Tugenden, der Fixierung auf schnell reproduzierbares ‚Papageienwissen' und einem hohen Aggressionspotenzial, einen Lösungsvorschlag dar, der theoretisch und praktisch erprobt ist. Petersen bietet eine humane Pädagogik an, die durch Offenheit und Freiheit gekennzeichnet ist sowie ein schulisches (Er-)Leben ermöglicht." – Ja, die hier aufgezählten Probleme der staatlichen Schulen sind genau die, die wir als Christen auch beobachten. Da nehmen wir erfreut zur Kenntnis, dass ein Pädagoge mit christlicher Ausrichtung ein pädagogisches Konzept entwickelt hat, das diesen Mängeln entgegenwirkt.

Ein paar wichtige praktische Aspekte des Schullebens an einer Jenaplan-Schule seien genannt:

- Als förderlich für das Aufwachsen und Lernen junger Menschen erkennt Petersen das selbstverständliche und natürliche Miteinander von Jung und Alt, von Erfahren und Unerfahren. Erziehung vollzieht sich nach Petersen durch die Gemeinschaft. Die Schüler arbeiten nicht, wie sonst üblich, in Jahrgangsklassen zusammen, sondern in *altersgemischten* „*Stammgruppen*", die in der Regel drei Schuljahrgänge umfassen. Durch diese Idee kann ein Klima geschaffen werden, in dem ältere und jüngere Schüler miteinander und voneinander lernen. Das Individu-

[6] D. h. Fähigkeit, sich in andere Menschen hineinzuversetzen und mit ihnen zu empfinden.

um reift zur Persönlichkeit durch das Leben in der Gemeinschaft.

- Einen hohen Stellenwert hat das Schulleben in der *Schulgemeinde,* das Miteinander von Kindern, Lehrern und auch Eltern.

- Das Schulleben und der Unterricht soll im Wochenrhythmus stattfinden. Ein so genannter *Wochenarbeitsplan* ersetzt den sonst üblichen „Fetzenstundenplan" und bildet die Basis für fächerübergreifendes Lernen. Lehrer und Schüler verständigen sich gemeinsam auf Themen, die in den folgenden Tagen angegangen werden sollen.

- Peter Petersen erlebte als Kind auf dem Bauernhof seiner Familie sinnerfüllte Arbeit, die lebensnotwendig für die Gemeinschaft ist. Ihm wird bewusst, dass Menschen durch sinnerfüllte Arbeit Selbstbewusstsein und Selbstwert entwickeln. Ähnlich wie auf einem Bauernhof sieht Petersen die kindgerechte Schule als eine Lebensstätte, die einen überschaubaren und verstehbaren Ort abbildet, der von den Kindern als Heimat empfunden werden kann. Durch die von Petersen konzipierte *„Schulwohnstube"* wird der Lernraum anregungsreich und wohnlich gestaltet. Tische und Stühle können in kürzester Zeit den unterschiedlichen Arbeitsformen angepasst werden. Die Ausgestaltung und Pflege des Lernraums liegt in den Händen der Kinder.

- Der Jenaplan unterscheidet vier Hauptformen der Bildung: das Gespräch, das Spiel, die Arbeit und die

Feier. Alle vier Formen sind fest im Schulleben, im Tages- bzw. Wochenablauf verankert.

Eine Schule als Lebensraum, in dem Zusammenleben praktiziert und geübt wird, in dem positive innere Einstellungen gefördert werden, anstatt nur Wissen zu vermitteln und Noten zu verteilen – das ist es, was wir auch mit unseren christlichen Bekenntnisschulen erreichen wollen. Seitdem ich zum ersten Mal von der Jenaplan-Pädagogik gehört habe, haben mich viele Anregungen dieses Konzepts nicht mehr losgelassen, und wir prüfen an unserer christlichen Schule ernsthaft, ob wir nicht Elemente davon in unser eigenes Schulkonzept übernehmen können.

Abschließend aber noch ein wichtiger Hinweis: Wir haben gelesen, dass Peter Petersens Menschenbild und sein Erziehungsansatz christlich geprägt waren. Das heißt leider nicht automatisch, dass alle modernen Jenaplan-Schulen christlich orientiert sind! Ähnlich wie sich viele moderne Montessori-Pädagogen von den geistigen Wurzeln Maria Montessoris gelöst haben und nur ihre Unterrichtsmethoden anwenden, so kann es auch bei Jenaplan-Pädagogen sein, dass sie völlig losgelöst von den christlichen Grundgedanken Petersens arbeiten und stattdessen vielleicht sogar mit den an sich positiven Jenaplan-Methoden falsche Erziehungsziele verfolgen. Nochmals möchte ich daher alle christlichen Eltern bitten, wie ich es bereits an früherer Stelle getan habe, sich intensiv mit dem Schulprogramm oder Schulkonzept der *einzelnen* Schule auseinanderzusetzen, bevor sie ihr Kind dort anmelden. Das gilt im Übrigen auch für Schulen, die sich „christlich" nennen, denn auch da ist es mittlerweile durchaus nicht selbstverständlich, dass eine solche Schule immer nach biblisch orientierten Erziehungsgrundsätzen geführt wird.

Ich hoffe, dass ich mit meinen Ausführungen dem einen oder anderen Elternpaar eine kleine Hilfestellung geben konnte, möchte uns gemeinsam aber abschließend noch einmal dazu aufrufen, ganz viel für unsere Kinder zu beten, für sie als Ansprechpartner immer verfügbar zu sein und mit ihnen, so gut es geht, alles das „aufzuarbeiten", was sie in den Schulen erleben und verarbeiten müssen.

Übersicht über die im Text angegebenen Buchempfehlungen

➢ Für christliche Eltern

Tedd Tripp, *Eltern – Hirten der Herzen. Biblisch orientierte Erziehung*, Friedberg (3L Verlag) 3. Auflage 2003

➢ Zum Thema „Werteerziehung"

Josh McDowell & Bob Hostetler, *Glaube ohne Werte – Jugend am Abgrund?*, Bielefeld (CLV) 1. Auflage 1997

➢ Zum Thema „Schöpfung und Evolution"

Alexander vom Stein, *Creatio. Biblische Schöpfungslehre*, Lychen (Daniel-Verlag) 1. Auflage 2005

➢ Zum Thema „Esoterische Methoden im Schulunterricht"

Reinhard Franzke, *Stilleübungen und Fantasiereisen. Moderne Wege der Pädagogik?*, Hannover (alpha press) 1997

➢ Für christliche Lehrer und solche, die es werden wollen

Armin Mauerhofer, *Pädagogik auf biblischen Grundlage*, Nürnberg (VTR-Verlag) 2009

➢ Für alle, die an christlicher Jugendarbeit interessiert sind

Rick Holland, *Der Mythos namens „Teenager- und Jugendzeit"*.
www.betanien.de/Material/ermahnendes_Artikel/mythos-jugendzeit.htm, Augustdorf (Betanien-Verlag)

U. a. bisher im Daniel-Verlag erschienen:

304.501 Kuhley, *Hat Gott vergessen gnädig zu sein?*	€ 2,00
304.502 Grant, *Der Prophet Sacharja*	€ 8,00
304.503 Vedder, *Geht auch ihr in den Weinberg*	€ 2,95
304.504 de Koning, *Wenn Eltern leiden*	€ 2,95
304.505 Steinmeister, *Abraham und Lot*	€ 3,95
304.506 Moyer, *Die ersten 31 Tage im Leben eines Christen*	€ 3,95
304.507 Peters, *Lasst uns anbeten*	€ 2,90
304.511 de Koning, *Der Brief an die Römer*	€ 8,00
304.512 de Koning, *Der 1. Brief an die Korinther*	€ 9,50
304.513 de Koning, *Der 2. Brief an die Korinther*	€ 8,90
304.514 de Koning, *Der Brief an die Galater*	€ 6,50
304.515 de Koning, *Der Brief an die Epheser*	€ 8,95
304.516 de Koning, *Die Briefe an die Philipper/Kolosser*	€ 8,95
304.520 de Koning, *Engel – es gibt sie (wieder)*	€ 3,00
304.521 Bouter, *Im Paradies*	€ 2,95
304.522 Mücher, *24 Lebensregeln*	€ 3,50
304.523 Peters, *Weltreligionen*	€ 2,90
304.524 Bruins, *In Sprachen reden?*	€ 7,90
304.525 Willis, *Verborgene Schätze im griech. NT*	€ 7,95
304.526 Hammer, *Das Leben mit Gott*	€ 9,95
304.527 Mücher, *Heute noch Gemeindezucht?*	€ 9,95
304.528 HÖRBUCH, Willis, *Verborgene Schätze im griech. NT*	€ 11,95
304.529 Bouter, *Die letzten Worte Jakobs*	€ 7,95
304.530 Klein, *Sucht nach Leben*	€ 0,70
304.531 B.V. Henry, *Henry Martyn – Alles für Christus verlassen*	€ 5,95
304.532 Mücher, *Tausend Jahre Frieden*	€ 11,95
304.533 Klein, *Sehnsucht nach Sinn*	€ 0,70
304.534 Steinmeister, *... ihr alle aber seid Brüder*	€ 7,90
304.535 Koll, *Der goldene Faden*	€ 8,95
304.536 Hammer, *Mosaiksteine der Herrlichkeit Gottes*	€ 6,95
304.537 Hübner, *Das Lager*	€ 13,95
304.538 Bell/Bouter, *Die dich segnen, sind gesegnet*	€ 7,95
304.539 Mücher, *Herrlichkeiten Jesu Christi*	€ 7,95
304.540 v. Stein, *CREATIO – Biblische Schöpfungslehre*	€ 19,95
304.550 Mücher, *Die Briefe des Paulus an die Thessalonicher*	€ 8,95
304.551 Mücher, *Du bist würdig (Buch der Offenbarung)*	€ 9,95
304.552 Steinmeister, *Licht und Schatten*	€ 5,95
304.553 Bruins, *Josua*	€ 12,95
304.560 MacDonald, *Hingabe an Christus*	€ 2,00
304.561 Bouter, *Die drei Prinzipien einer Erweckung*	€ 1,90
304.562 MacDonald, *Hingabe an Christus*	€ 2,00

www.daniel-verlag.de
Daniel-Verlag, Retzower Straße 21, 17279 Lychen